Peter Hell (Hrsg.)
Öffnung des Unterrichts in der Grundschule

Exempla aktuell

Peter Hell (Hrsg.)

Öffnung des Unterrichts in der Grundschule

Wochenplanarbeit – Stationentraining – Schuldruckerei

Beiträge von Sigrid Bairlein, Roswitha Bolvansky,
Eberhard Dettinger, Angelika Englberger, Hans Gerst,
Margarete Götz, Helene Haas, Birgit Hacker,
Ulrike Passauer, Eva Rettenmeier, Christiane Schloms,
Helmut Schmitt, Peter Treitz

Ⓐ Verlag Ludwig Auer Donauwörth

Die Reihe „EXEMPLA AKTUELL" wird von Peter Hell und Paul Olbrich herausgegeben. Sie greift relevante schulische Themenbereiche auf und bietet praxisorientierte Hilfestellungen für die Hand des Lehrers.

Gedruckt auf umweltbewußt gefertigtem, chlorfrei gebleichtem und alterungsbeständigem Papier.

1. Auflage. 1993
© by Ludwig Auer GmbH, Donauwörth. 1993
Alle Rechte vorbehalten
Umschlaggestaltung: Josef Kinzelmann, Bäumenheim
Gesamtherstellung: Ludwig Auer GmbH, Donauwörth
ISBN 3-403-02299-4

Inhaltsverzeichnis

Vorwort

Bestrebungen zur „Öffnung des Unterrichts" sind keine Modeerscheinungen unserer Tage, sondern haben ihre Wurzeln in der Reformpädagogik. Ausgehend von einer ganzheitlichen Orientierung stand im Mittelpunkt das aktive Mitgestalten des Kindes in einer Schule als Lebensstätte.

Heutige Reformbemühungen fußen auf diesem Ansatz und sind auch als Gegenbewegung zu den stark lernzielorientierten Lehrplänen der sechziger Jahre zu verstehen. Überlegungen zur Öffnung des Unterrichts gehen von einer Gleichwertigkeit von Lernprozessen und Lernergebnissen aus. Ein verstärktes Offenwerden gegenüber Schülerinteressen führt zwangsläufig zur Bereitstellung vielfältiger Lernangebote in entsprechend gestalteten Lernumgebungen. Die Berücksichtigung der individuellen Ausgangslage und der Interessen des einzelnen Schülers in Verbindung mit einem aktiven Lernansatz bedingen eine differenzierende und individualisierende Unterrichtsgestaltung, der ein förderorientierter Ansatz zugrunde liegt.

Eine Öffnung des Unterrichts ist in vielfältigen Formen möglich; zu warnen ist vor einer Verabsolutierung einzelner Methoden oder Arbeitsmittel. Die vorstehend genannten Annahmen bedingen eine Einstellungsänderung bei den Lehrkräften und stellen hohe Anforderungen an die Vorbereitungsarbeit, da die bisherige enge Bindung der Schüler an didaktisch-methodische Vorüberlegungen abnimmt und die gewünschte Offenheit zwangsläufig zu einer breiteren Vorbereitungsbasis führt.

Das vorliegende Buch führt in Einzelbeiträgen erfahrener Praktiker aus Universität, Lehrer(fort)bildung und Schule Schritt für Schritt in die Theorie und Praxis der Tages- und Wochenplanarbeit, des Stationentrainings und der Arbeit mit der Schuldruckerei bis hin zur Hochform Freien Arbeitens nach Maria Montessori in der Regelschule ein. Fotos, Materialbeschreibungen und -abbildungen sowie Schülerarbeitsergebnisse veranschaulichen die verschiedenen Ansätze dieses Handbuches „aus der Praxis für die Praxis".

Peter Hell

MARGARETE GÖTZ

Offener Unterricht – Modelle von gestern für die Schule von heute?

„Die Kinder gingen nicht den Weg des Lehrers, sondern wählten aus dem, was ihnen geboten wurde, das aus, was sie für sich brauchen konnten. Wie es bisher das unerfüllte Sehnen der Schule war, möglichst alle Kinder auf dasselbe Niveau zu heben, . . . so galt es nun, die Besonderheit zu suchen und an Stelle des einen gleichförmigen Schulgesichts die tausend verschiedenen Eigengesichter zu finden. Jedem sollte es gegeben sein, seine Linie zu entdecken." (Lamszus 1924, S. 265). Mit dieser Beschreibung kennzeichnet Lamszus die Unterrichtspraxis der zu Beginn der 20er Jahre in Hamburg gegründeten Lebensgemeinschaftsschulen. In der Charakterisierung spiegeln sich Grundzüge des offenen Unterrichts wider, der in seinen Merkmalen und Variationsformen an die in der Reformpädagogik entwickelten Unterrichts- und Schulmodelle anknüpft.

1. Vorbilder in der Reformpädagogik

Das Anliegen, das die Hamburger Lebensgemeinschaftsschulen verfolgt haben, verdeutlicht, daß es sich beim offenen Unterricht keineswegs um eine gänzlich neue pädagogische Konzeption handelt. Er besitzt in der Reformpädagogik im ersten Drittel des 20. Jahrhunderts seine historischen Vorbilder, die nicht nur als theoretische Entwürfe existierten. Sie wurden vornehmlich in Versuchsschulen überzeugend in die Praxis umgesetzt.

Die gemeinsame Triebfeder zu ihrer Entwicklung liegt in einer scharfen Kritik an der „alten" Schule, deren uniforme und schematische Methoden ebenso verurteilt wurden wie ihre auf einen unfruchtbaren Enzyklopädismus zielende Stoffanhäufung und ihr vom Kasernenstil geprägtes Lehrer-Schüler-Verhältnis.

In gedrängter Darstellung werden nachfolgend drei Beispiele aus der Reformpädagogik charakterisiert und ihre Verbindungslinien, aber auch ihre Unterschiede zum offenen Unterricht aufgezeigt. Dabei muß immer mitbedacht werden, daß die damaligen Reformansätze nicht kritiklos auf die heutige Schulsituation angewandt werden können. Sie sind vornehmlich in ihrer theoretischen Fundierung Positionen verhaftet, wie etwa der biologistischen Entwicklungsauffassung, die in Anbetracht des erziehungswissenschaftlichen Erkenntnisstandes als überholt gelten. Dennoch können von ihnen anregende Impulse für unterrichtliche Innovationen ausgehen.

1.1 Der freie Gesamtunterricht Berthold Ottos

Berthold Otto geht von der Voraussetzung aus, daß das Kind einen natürlichen Erkenntnis- und Forschungstrieb besitzt, der sich in der kindlichen Fragelust am sichtbarsten äußert. Aufgrund seines immanenten Erkenntnisdranges setzt sich das Kind unaufhörlich mit seiner Umwelt auseinander und erwirbt sich auf diese Weise Wissen bis hin „zu einem begrifflich gut durchgearbeiteten Weltbild" (Otto 1961, S. 188).
Auf dieser Annahme basiert der von Berthold Otto praktizierte freie Gesamtunterricht, für den das Tischgespräch in der Familie das Modell abgab. In Analogie zur Familiensituation finden sich im Gesamtunterricht Schüler verschiedener Altersstufen zu einem Gesprächskreis zusammen, der für Otto Ausdruck „der geistigen Gemeinschaft der verschiedenen Lebensalter" ist (Otto 1971, S. 517). Das Thema und den Verlauf des Gesprächs bestimmen die Schüler durch ihre Fragen, über die im ganzen Kreis diskutiert wird, solange Interesse dafür vorhanden ist. Der Lehrer greift meistens nur dann ein, wenn die Kenntnisse der Schüler zur Klärung der vorgebrachten Fragen nicht ausreichen.
Mit seinem Vorgehen schafft Berthold Otto einen Freiraum für eigenaktives Lernen der Schüler, denn sie prägen mit ihren Fragen und Interessen Inhalt und Richtung des unterrichtlichen Geschehens. Darin liegt ebenso eine Parallele des Gesamtunterrichts zum offenen Unterricht wie in einer veränderten Rolle des Lehrers, der nicht mehr als allwissender Unterrichtsexperte gesehen wird.

1.2 Freie Arbeit bei Maria Montessori

Obwohl die Termini „Freie Arbeit" und „Freiarbeit" im Zusammenhang mit dem offenen Unterricht allgemein gebräuchlich sind und auch in geltende Lehrpläne Eingang gefunden haben, treffen sie nur unscharf die Ausgestaltung dieser Unterrichtsform im Sinne Montessoris. Folgt man ihrem Verständnis, so handelt es sich genau genommen um eine freie

Wahl der Arbeit. Diese stellt keine willkürliche und beliebige Tätigkeit des Schülers dar, sondern resultiert aus dem geordneten Zusammenspiel von kindlicher Aktivität und der didaktisch gestalteten Lernumwelt. Das wird deutlich, wenn man sich die kennzeichnenden Momente der von Montessori vertretenen Variante der Freien Arbeit vergegenwärtigt: das selbsttätige Kind, die helfende Lehrerin und die vorbereitete Umgebung. Grundlegend ist dabei die Überzeugung Montessoris, daß das Kind im Sinne einer individuellen Teleologie einen „natürlichen Bauplan" in sich trägt (Montessori 1980, S. 32), so daß es sich im Prinzip über den Weg der Selbstbildung zu einer Persönlichkeit entwickelt. „Allein das Kind weiß, was seiner Entwicklung nottut, und eine aufgedrängte Beschäftigung stört seine Entwicklung und sein Gleichgewicht" (Montessori 1988, S. 14).

Diese anthropologische Grundannahme bestimmt die Aufgabe der Erziehung wie des Unterrichts. Sie besteht darin, der freien Aktivität des Kindes eine geeignete Umgebung bereitzustellen, die die ungestörte Entfaltung seiner Fähigkeiten anregt und fördert. Dazu zählen neben kindgemäßen Einrichtungsgegenständen in erster Linie didaktische Materialien, mit denen das Kind in individuell freier Wahl selbsttätig umgehen kann. Da die von Maria Montessori entwickelten Materialien eine immanente Fehlerkontrolle enthalten, kann das Kind seinen Lernerfolg direkt am Material ablesen, so daß eine Beurteilung durch die Lehrerin überflüssig wird.[1] Ihre Aufgabe erstreckt sich darauf, die Lernumgebung sorgfältig vorzubereiten, das Kind bei seiner Arbeit zu beobachten und ihm bei Schwierigkeiten zu helfen.

Wie beim Gesamtunterricht Berthold Ottos erfolgt auch in der von Montessori konzipierten Freien Arbeit eine Verschiebung der unterrichtlichen Handlungsaktivität von der Lehrerin hin zum Kind. In beiden Konzeptionen wird Lernen nicht als rezeptives Aufnehmen der von der Lehrerin dargebotenen Inhalte begriffen, sondern als eine auf Selbsttätigkeit beruhende Eigenleistung des Kindes. Für deren Gelingen ist nach Maria Montessori eine pädagogisch und didaktisch arrangierte Lernumgebung notwendige Voraussetzung. Damit hat sie, über den gesamtunterrichtlichen Ansatz von Berthold Otto hinausgehend, auf einen Bedingungsfaktor offener Lernsituationen aufmerksam gemacht, der nach wie vor Bedeutung besitzt, hängt doch von der Ausgestaltung des Klassenzimmers wie von der Art und Beschaffenheit der Lernmaterialien entscheidend die Qualität des offenen Unterrichts ab.

1.3 Der Jena-Plan Peter Petersens

Es gibt wohl keinen Reformpädagogen, der so häufig bemüht wird wie Peter Petersen, wenn es um die historischen Ursprünge des offenen Unterrichts geht. Er wird sowohl als Kronzeuge für die Freie Arbeit wie für den Unterricht nach dem Wochenplan beansprucht.[2] Der Grund dafür mag darin liegen, daß das von Petersen entworfene und praktizierte Schulmodell, der Jena-Plan, vieldeutig interpretierbar ist und daher für verschiedene pädagogische Zielsetzungen dienstbar gemacht werden kann. Schließlich kommt es nicht von ungefähr, daß Jena-Plan-Schulen unter ganz unterschiedlichen politischen Systemen existier(t)en, in der Weimarer Republik, im Dritten Reich und mit derzeit aufstrebender Tendenz in der Bundesrepublik Deutschland.

Mit Blick auf den offenen Unterricht findet man bei Petersen zweifelsohne Aussagen, mit denen sich belegen läßt, daß die Schüler „frei, selbsttätig und weitgehend selbständig" arbeiten (Petersen 1980, S. 28). Jedoch bieten die den Unterricht tragenden „vier Urformen" des Bildungserwerbs – Arbeit, Spiel, Gespräch und Feier – keine konzeptionelle Entsprechung dafür (a. a. O., S. 56). Ihre unterrichtlichen Konkretisierungsformen korrelieren weniger mit einer Erziehung zur Selbständigkeit als vielmehr mit einer in ein intensives Schulleben eingebetteten Erziehung durch und für die Gemeinschaft, die die normierende Kategorie des Jena-Plans darstellt. Sie findet ihre konsequente Verwirklichung in der Gruppenarbeit, die als zentrale Drehscheibe des unterrichtlichen Geschehens fungiert.

Wenn Petersen für den Verlauf der Gruppenarbeit eine genaue Stufenfolge festlegt, dann wird durch solche Vorgaben der Spielraum für individuelles und selbständiges Lernen der Schüler eingeschränkt.[3] Diese Einengung bestätigt sich, wenn man die Lehrerrolle betrachtet. „Und der Jena-Plan setzt seit seinem ersten Beginn, in bewußter und gewollter Ablehnung anderer Formen, den Lehrer als den *Führer seiner Gruppe*. Diese soll sich wie ein *Gefolge* um den Gruppenleiter als den Führer entfalten" (Petersen 1934, S. 8).[4] Eine solch dominierende Stellung des Lehrers begünstigt eher fremd- als selbstbestimmte Lernprozesse.

Wie bereits erwähnt, wird mit Vorliebe die in der Literatur konstatierte Nähe des Jena-Plans zum offenen Unterricht an dem von Petersen vertretenen Wochenarbeitsplan und der darin verankerten Freien Arbeit festgemacht. Bei näherem Hinsehen erweist sich diese Affinität jedoch nur als eine terminologische.

Was die Freie Arbeit anbelangt, so hat sie Petersen in dieser Bezeichnung in seiner Konzeption verankert. In ihrem Stellenwert und ihrer Funktion unterscheidet sie sich allerdings deutlich von derjenigen der Montessori-Pädagogik. Während sie hier die tragende Säule des täglichen Unterrichtsgeschehens bildet, um den Schülern eigenständiges Arbeiten zu ermöglichen, hat Petersen die Freie Arbeit am Ende der Schulwoche als eine Art Zeitpuffer von etwa 60 Minuten Dauer eingeführt, die für die Fertigstellung der von den Schülern angefangenen Arbeiten reserviert war.[5]

Der von Petersen entwickelte Wochenarbeitsplan erinnert in dieser Begrifflichkeit zwar an den heute zunehmend praktizierten Unterricht nach Wochenplan, unterscheidet sich allerdings in der Ausgestaltung von diesem. Petersen setzt an die Stelle des nach Fächern gegliederten Stundenplans einen Wochenarbeitsplan. Darunter versteht er eine „arbeits- und lebensrhythmisch abgestimmte Ordnung der pädagogischen Situationen" in Gestalt von Arbeit, Spiel, Gespräch und Feier, für die feste Zeitblöcke vorgesehen sind (Petersen 1984, S. 124).[6] Demgegenüber enthalten die in der neueren Literatur vorgestellten Wochenpläne keine Abfolge von pädagogischen Situationen, sondern in der Regel ein Aufgabenpensum, das die Schüler im Laufe einer Schulwoche zu erledigen haben.

Während die Befürworter offener Lernsituationen im historischen Rückgriff bevorzugt auf den Jena-Plan verweisen, hat ein Beitrag, den Petersen anderweitig zur Realisierung offenen Unterrichts geleistet hat, bislang wenig Beachtung gefunden. Gemeint ist seine „Pädagogik der Arbeitsmittel", der er in seiner „Führungslehre des Unterrichts" ein ganzes Kapitel widmet (Petersen 1984, S. 182 ff.).

Wie sehr er damit das Anliegen des offenen Unterrichts trifft, belegt seine, die Eigentätigkeit des Schülers betonende Definition: „Arbeitsmittel ist ein Gegenstand, der mit eindeutiger didaktischer Absicht geladen ist, hergestellt, damit sich das Kind frei und selbständig dadurch bilden kann" (a. a. O., S. 182). Petersen hat zur Beurteilung des didaktischen und pädagogischen Wertes von Arbeitsmitteln hilfreiche Kriterien entwickelt. Sie sind nach wie vor aktuell angesichts der Flut von Freiarbeitsmaterialien, die von den Verlagen angeboten werden. Eine Rückbesinnung auf die von Petersen entwickelten Maßstäbe könnte zudem den offenen Unterricht vor der Gefahr bewahren, daß er auf einen wahllosen und unergiebigen Umgang mit Materialien reduziert wird.

Der freie Gesamtunterricht Berthold Ottos, die Freie Arbeit Maria Montessoris und Petersens Pädagogik der Arbeitsmittel basieren auf der gemeinsamen Überzeugung, daß Bildungs- und Lernprozesse sich nicht in der Vermittlung des vom Lehrer didaktisch aufbereiteten Stoffes erschöpfen, sondern auf der Eigeninitiative und Selbsttätigkeit des Schülers beruhen. Darin liegt die Schnittstelle der reformpädagogischen Ansätze mit dem offenen Unterricht. Dieser beschränkt sich allerdings nicht auf die bloße Reaktualisierung reformpädagogischen Gedankenguts. Vielmehr überschreitet er dieses, indem er die den reformpädagogischen Konzeptionen anhaftende gesellschaftspolititsche Abstinenz überwindet. Weitaus entschiedener als damals orientiert sich der offene Unterricht am Leitbild des mündigen Bürgers und ist damit eingebunden in den Normenhorizont einer demokratischen Gesellschaft.

2. Geschlossener und offener Unterricht[7]

2.1 Geschlossener Unterricht

In Analogie zu den reformpädagogischen Unterrichtskonzeptionen, deren Entstehung mit der verachtenden Ablehnung der Buch- und Lernschule durch die Reformpädagogen zusammenhängt, resultiert die Entwicklung des offenen Unterrichts aus der kritischen Auseinandersetzung mit einem Unterrichtsverständnis, das Ende der 60er Jahre von einer behavioristisch orientierten Schulpädagogik propagiert wurde. Im Zuge der von ihr favorisierten erziehungs- und unterrichtstechnologischen Denkmuster etablierte sich im Verbund mit der Curriculumdiskussion, der Wissenschafts- und Lernzielorientierung in der Schulpraxis ein nach Zweckrationalität ausgerichtetes Unterrichtskonzept. Danach bemißt sich die Qualität des Unterrichts nach Art und Anzahl der von den Schülern erreichten Lernziele.

Der Lehrkraft, die den Lernprozeß der Schüler nach dem Kriterium der ökonomischen Lernzielerreichung zu gestalten hat, kommt im unterrichtlichen Geschehen eine Entscheidungs- und Handlungsdominanz zu. Sie wählt die in Lehrplänen fixierten Lernziele aus, bestimmt den Inhalt wie den Verlauf des Unterrichts. Durch die Handlung und Steuerung des Unterrichts vom sogenannten Einstieg bis hin zur abschließenden Ergebniskontrolle erhält dieser die Gestalt einer geschlossenen Einheit. Das Verhalten des Schülers beschränkt sich weitgehend darauf, die vorgezeichneten Lernschritte nachzuvollziehen.[8]

2.2 Anliegen des offenen Unterrichts

2.2.1 Eigensteuerung des Lernens

In der Überwindung der randständigen Rolle, die der Schüler in geschlossenen Lernsituationen einnimmt, liegt ein Leitmotiv der vielfältigen Bestrebungen zum offenen Unterricht. Seine Befürworter betonen „die prinzipielle Subjektgebundenheit von Lehr- und Lernprozessen" (Groddeck 1983, S. 621). In Affinität zur reformpädagogischen Kritk an der Lernschule wird in gewandelter Terminologie beim geschlossenen Konzept beklagt, daß „Lernende zum Objekt der Lehrerhandlung absinken" (Geray 1982, S. 182).

Demgegenüber verbindet sich mit der Berufung auf die Idee der Offenheit die Intention, den Schüler nicht länger in passiver Haltung an den Rand des Unterrichtsgeschehens zu drängen. Vielmehr soll er es aktiv mitgestalten, indem er zum „Agent seines eigenen Lernens" wird, wie das der für die Reform der englischen Primarschule bedeutsame Plowden-Report zutreffend charakterisiert (Plowden-Report 1967, in: Einsiedler 1979, S. 53).

Dieses Anliegen läßt sich nicht allein durch ein schülerorientiertes Unterrichtsvorgehen verwirklichen, das etwa dann vorliegt, wenn die Lehrkraft durch geschickte didaktische Dramaturgie das Lernen für die Schüler interessant und abwechslungsreich gestaltet.[9]. Wenngleich einzelne Elemente eines solchen Unterrichts offenen Lernsituationen nahestehen, gehen diese in ihrem pädagogischen Anspruch doch darüber hinaus. Dessen unterrichtspraktische Einlösung impliziert die Selbstbestimmung des Schülers, der in eigener Regie und Verantwortung über den Inhalt, den Verlauf und die Dauer seines Lernprozesses entscheidet. Die Schüler sollen sich selbst Ziele und Aufgaben wählen sowie eigene Lernwege zu deren Erfüllung finden.

2.2.2 Erziehung zur Selbständigkeit

Mit der Förderung eigengesteuerter Lernaktivitäten fügt sich der offene Unterricht in ein Leitbild der schulischen Arbeit ein, das didaktisches Handeln darauf verpflichtet, den Schüler zur Selbständigkeit und Mündigkeit zu erziehen. Deren Ermöglichung, die unterrichtlichen Maßnahmen erst ihre pädagogische Legitimation verleiht, setzt Lernsituationen voraus, die frei von kleinschrittiger Verlaufsplanung durch den Lehrer oder die Lehrerin sind. Der Verzicht darauf gewährt den Schülern die Freiheit, ihr Lernen selbst in die Hand zu nehmen und eröffnet ihnen dadurch ein unterrichtliches Erprobungsfeld für die Einübung in eine altersgemäße Selbständigkeit. Wer ihnen dagegen ständig vorschreibt, was sie auf welche Weise zu erledigen haben, unterdrückt das eigene Denken, Urteilen und Handeln der Schüler, anstatt es herauszufordern. „Selbständigkeit und Selbstverantwortung können nicht am Ende eines Bildungsganges erwartet werden, wenn sie nicht auch seinen Anfang und seinen gesamten Verlauf kennzeichnen. Zur Mündigkeit wird man dadurch erzogen, daß man schon als kleiner Mensch Bereiche mündigen Handelns erhält." (Ramseger 1987, S. 7)

2.2.3 Lebensnähe und Differenzierung

Während geschlossene Unterrichtsphasen dazu tendieren, Wissen subjektneutral zu vermitteln, lassen offene eine Rückbindung des Lernens an die Lebenssituation der Schüler zu. Sie können ihre eigenen Erfahrungen, Vorlieben, Interessen, Fragen und Deutungen ins Spiel bringen. Das hat nicht nur positive Rückwirkungen auf die Lernmotivation der Schüler, sondern trägt auch dazu bei, die vielbeklagte Kluft zwischen Schule und Leben abzumildern.

In didaktischer Hinsicht trägt ein offenes Unterrichtsarrangement dem Gebot der Differenzierung Rechnung, dessen Mißachtung wohl zur folgenschwersten Hypothek einer lehrergeleiteten Klassenunterweisung zählt. Da mit der Öffnung des Unterrichts die Notwendigkeit entfällt, genormte Anforderungen in einer genormten Zeit bewältigen zu müssen, kann jeder Schüler entsprechend seinen individuellen Lernvoraussetzungen und seiner Leistungshöhe voranschreiten.

Die guten Schüler können sich bis an die Grenze ihrer Leistungsfähigkeit betätigen, da der offene Unterricht nach oben keine Schranken setzt. Zwar werden die Leistungsschwachen nicht zu „Spitzenschülern" aufsteigen, jedoch läßt sie ein offener Unterricht nicht fallen, indem er sie ständig entmutigt. Vielmehr ermöglicht er ihnen, bedingt durch die Eigenmanipulation des Anspruchsniveaus, in höherem Maße als eine lehrerzentrierte Unterweisung die Erfahrung, aus eigener Anstrengung ein Ziel erreicht, eine Aufgabe gelöst zu haben. Die damit einhergehenden Erfolgserlebnisse stärken die Leistungsbereitschaft ebenso wie das Selbstvertrauen, so daß das Weiterlernen angespornt wird.

2.3 Stellenwert des offenen Unterrichts

Die erwähnten Vorzüge des offenen Unterrichts dürfen nicht dazu verführen, ihn als Allheilmittel für alle schulischen Probleme einzustufen und geschlossene Lernsituationen gänzlich aus der Schule zu verbannen. Die Verfechter offenen Unterrichts wenden sich nicht in blinder Neuerungssucht pauschal gegen ein lehrergesteuertes Vorgehen, sondern gegen dessen Monopolstellung im Schulalltag und den daraus resultierenden Verkrustungen und Fehlformen des Lernens.

Wenn Unterricht ausschließlich als eine von der Lehrkraft geplante und durchorganisierte Veranstaltung abläuft, droht er zu einer frontalen Informationsvermittlung abzuflachen. Lernen wird dann weitgehend uniformiert und reduziert sich auf die bloße Übernahme vorgefertigter Ergebnisse, die die Lebenswelt der Schüler kaum noch berühren. Diese Verengung versuchen offene Lernsituationen zu korrigieren, indem sie dem Schüler die Gestaltung seines eigenen Lernprozesses ermöglichen und dadurch dem aktiv-produktiven Sinn des Lernens ein Eigengewicht im Raum der Schule verschaffen.

So notwendig und dringend das mit Blick auf die Selbständigkeitserziehung des Schülers erscheint, so falsch wäre es, die Offenheit zu einer unterrichtlichen Leitlinie mit Allmachtsanspruch zu erheben. Das würde auf die Dauer wiederum Einseitigkeiten zeitigen, die in eine Sackgasse führen und ihrerseits Alternativen hervorrufen. Die pädagogisch berechtigten Ansprüche an die Schule lassen sich am ehesten umsetzen, wenn weder offene noch geschlossene Unterrichtsphasen verabsolutiert werden, sondern einander in einem sinnvollen Verbund ergänzen, denn „Erziehungs- und Lernprozesse bewegen sich in einem Spannungsfeld zwischen den Polen von Erfahrung und Belehrung, Selbstbestimmung und Fremdbestimmung, Spontaneität und Methode, Aktivität und Rezeptivität" (Popp 1988, S. 71).

3. Schritte der Öffnung des Unterrichts

Die Realisierung offener Lernsituationen läßt sich nicht aus dem Stand von heute auf morgen im Schulalltag durchführen, wenn man nicht Chaos und Frustration riskieren und damit die pädagogischen Chancen dieser anspruchsvollen Konzeption verspielen will. Ihre erfolgreiche Praktizierung bis hin zur Hochform der Freien Arbeit setzt eine behutsame und sukzessive Öffnung des Unterrichts voraus, die sich in kleinen, oftmals mühsamen Schritten vollzieht. Einige davon sollen nachfolgend in knapper und allgemeiner Form skizziert werden. Sie beruhen auf eigenen schulpraktischen Erfahrungen mit dritten und vierten Jahrgangsstufen und stellen einen – keineswegs den einzigen – Weg dar, die Schüler zu selbständigem Lernen zu befähigen.

Die einzelnen Schritte repräsentieren gleichzeitig Variationsformen des offenen Unterrichts, deren Abfolge in der praktischen Umsetzung so angelegt war, daß sich der Öffnungsgrad zunehmend ausweitete. Aus Platzgründen muß darauf verzichtet werden, auf die äußeren Bedingungen einer offenen Lernorganisation einzugehen. Dazu gehört die Umwandlung des Klassenzimmers in eine lernanregungsreiche Umgebung einschließlich der Herstellung geeigneter Arbeitsmittel.[10]

3.1 Übungen nach freier Wahl

Den ersten Schritt zur Öffnung des Unterrichts realisierte ich bei Übungsstunden in den verschiedenen Lernbereichen. Solche Unterrichtsphasen sind wegen ihrer zeitlichen und stofflichen Begrenzung überschaubar und eignen sich daher als Einstieg in offene Lernsituationen. Anstatt allen Schülern gleichermaßen ein Aufgabenpensum vorzuschreiben, stellte ich ihnen ein auf den jeweiligen Lerninhalt abgestimmtes Repertoire verschiedenartiger Übungsmöglichkeiten zur Verfügung. Aus dem Angebot suchte sich jeder Schüler seine Aufgaben aus, die er allein oder zusammen mit Mitschülern erledigen konnte.

Obwohl der Öffnungsgrad gering ist, tragen doch die Übungen nach freier Wahl zur Ausbildung von Fähigkeiten und Fertigkeiten bei, die eine notwendige Bedingung für ein selbstgesteuertes Lernen darstellen. Zum einen erhalten die Schüler durch die Zurücknahme der Lehrersteuerung einen Spielraum zur Erprobung eigenverantwortlicher Entscheidungen. Zum anderen eignen sie sich im Umgang mit den verschiedenen Materialien selbständige Arbeitsweisen und – techniken an.

3.2 Arbeit mit Tages- und Wochenplan

Während die skizzierten Übungsphasen sich auf einen eng begrenzten Lerninhalt erstrecken und nur kurze Zeit andauern, enthält der Tages- und Wochenplan Aufgaben aus verschiedenen Lernbereichen, deren Bewältigung entsprechend mehr Zeit beansprucht (siehe nebenstehendes Beispiel sowie Vorschläge in den anderen Beiträgen dieses Bandes). In der Regel umfaßt der Plan das für jeden einzelnen Schüler verbindliche

Tagesplan

_____

für

__D. L. S.__

Mathe:	Rechne 20 Umwandlungsaufgaben! Dazu kannst du auswählen: – Aufgaben zum Verbinden – Schiebeaufgaben – Legeplatten	
	Ordne Längen der Größe nach! Beginne mit der kleinsten Länge! Dazu gibt es blaue Streifen. 2 Streifen sollst du bearbeiten.	
Deutsch:	Schreibe 20 Wörter auf und trenne sie! Dazu kannst du auswählen: – Karteikarten – Knickkarten – Dosenwörter	
	Schreibe 5 Sätze auf und unterstreiche den Satzgegenstand! Benutze dazu die Satzrollen oder die Satzstreifen!	
Heimat- und Sachkunde:	An der Tafel stehen die Merkmale von vier verschiedenen Getreidearten. Ordne den Merkmalen die richtige Getreideart zu! Die Wandzeitung „Tu was!" hilft dir. Du kannst auch Udo fragen. Schreibe den Namen der Getreideart und die Merkmale auf ein Blatt! Klebe ein Bild dazu! Du bekommst es von mir.	

Das habe ich noch gemacht:

Rechnen, 2 Spiele, Schreibmaschine geschrieben

_____

_____

_____

_____

Pflichtprogramm, das er im Laufe eines Unterrichtstages bzw. einer Unterrichtswoche bewältigen soll. Mit der Arbeit nach Tages- und Wochenplänen läßt sich eine Spielart des offenen Unterrichts realisieren, die in weitaus stärkerem Maße als wahlfreie Übungen eigenverantwortliches Lernen fordert und fördert, da sich der Entscheidungs- und Handlungsspielraum der Schüler vergrößert. Sie bestimmen selbst, in welcher Reihenfolge sie vorgehen, ob sie lästige Aufgaben zuerst oder zuletzt erledigen, wie lange sie sich mit einem Sachverhalt auseinandersetzen, welche Bearbeitungsweise sie bei einer Aufgabe wählen, ob sie allein oder gemeinsam mit anderen lernen.

Diese Offenheit verlangt vom Schüler eine planvolle Einteilung der Zeit sowie die Übernahme eigener Verantwortung für die Erfüllung der Aufgaben. Gleichzeitig gestatten die erwähnten Wahlmöglichkeiten eine individuelle Lernplanung, so daß der Unterricht nach Tages- und Wochenplan dem Gebot der Differenzierung gerecht wird. Da der Plan im Vergleich zu den Übungen nach freier Wahl ein umfangreicheres Aufgabenpensum enthält, hat dessen Bewältigung eine lange Phase der Schülerselbsttätigkeit zur Folge, in der sich Ausdauer, Arbeitsstile und Selbständigkeit entfalten können.

3.3 Freie Arbeit

Wenngleich mit dem Tages- und Wochenplan den Schülern ein beachtlicher Freiraum für die Eigengestaltung des Lernens gewährt wird, legt mit ihnen die Lehrerin doch nach wie vor die Unterrichtsinhalte fest. Diese Einschränkung der Offenheit entfällt bei der Freien Arbeit. Bei ihr erstreckt sich die Selbstbestimmung der Schüler auf alle Dimensionen des Lernprozesses. Hier soll der Schüler sich selbst Ziele setzen, Wege zu ihrem Erreichen eigenständig erproben, selbst entscheiden, mit welchem Sachverhalt er sich auf welche Weise auseinandersetzt.

Da in der Freien Arbeit ein nach individuellen Interessen und Bedürfnissen ausgerichtetes Lernen erfolgt, zeitigt das ein breites Spektrum verschiedenartigster Leistungsvollzüge. Prozesse des Suchens, des Darstellens, des Herstellens, des Erkundens, des Beobachtens, des Experimentierens, des Kommunizierens und Kooperierens laufen gleichzeitig nebeneinander ab. In der Lesart des eingangs zitierten Reformpädagogen Lamszus interpretiert, heißt das: In der Freien Arbeit zeigen sich die „verschiedenen Eigengesichter" des Lernens, die die im lehrerzentrierten Unterricht vorherrschende Gleichförmigkeit abgelöst haben.

Unbestreitbar hat die in der Freien Arbeit umfassend realisierte Eigensteuerung des Lernens auch Schüleraktivitäten zur Folge, die nicht glatt, sondern über Um- und Irrwege zum Ziel führen. Auch wenn sie zeitraubend sind, sollten sie durch reglementierende Eingriffe nicht vorschnell ausgeschaltet werden. Denn zum einen sammelt der Schüler dadurch Erfahrungen zur Selbstgestaltung seines Lernprozesses, zum anderen besitzen Irrwege eine erkenntnisfördernde Bedeutung. „Irren heißt nämlich, äußerst nützliche Erfahrungen machen. Wir lernen aus unseren Mißerfolgen mindestens ebenso viel wie aus unserer Erfolgen, wenn wir sie sozusagen selbsttätig machen und selbsttätig zurücknehmen dürfen." (Roth 1976, S. 165)

4. Resümee

Die fortschreitende Realisierung offener Unterrichtselemente zieht eine Verlagerung der Handlungsdominanz von seiten der Lehrerin/des Lehrers auf die der Schüler nach sich. Am augenfälligsten wird das in der Selbsttätigkeit der Schüler sichtbar, die nun nicht mehr wie beim lehrerzentrierten Unterricht als auflockerndes Element eingeschoben wird, sondern geradezu das Bild offener Phasen prägt. Der hohe Grad an Schülerselbsttätigkeit mit der ihr innewohnenden intrinsischen Motivation mag der Grund für das konzentrierte Arbeiten der Schüler sein, das ich in seiner Intensität und Dauer in einem kleinschrittig geführten Unterricht nicht erreicht habe, eine Erfahrung, die auch anderweitig bestätigt wird.[11]
Eigenständig Arbeiten planen und ausführen, sich selbst Ziele setzen und verfolgen, eigenen Fragen nachgehen, seine Zeit selber einteilen, Lernwege eigenständig ausprobieren, sich selbst Wissen aneignen, Schwierigkeiten aus eigener Kraft heraus bewältigen – das waren rückblickend wohl die fruchtbarsten Lernprozesse, die durch die Öffnung des Unterrichts ausgelöst wurden. Fruchtbar insofern, als Lernen hier erzieherisch wirksam wurde, indem es die Schüler über die Selbsttätigkeit in altersgemäßer Form zur Selbständigkeit befähigt und ihnen dazu verhilft, „selber zu denken, zu werten, zu urteilen. Damit ein Mensch entsteht und nicht ein Roboter" (Langeveld 1960, S. 22).
In der Herausforderung und Förderung von Selbstbestimmung und Selbständigkeit scheint mir die pädagogisch wertvollste Chance offener Lernsituationen zu liegen. Das sollte Grund genug sein, ihnen einen ausgedehnten Raum in der Schule zu gewähren, ohne sie entweder zu verabso-

lutieren oder als bloßes auflockerndes Anhängsel zum Frontalunterricht zu praktizieren.

Anmerkungen

1 Eine detaillierte Beschreibung der Montessori-Materialien findet sich in: Montessori (1922).
2 Vgl. z. B.: Bönsch/Schittko (1979, S. 18 f.), Meyer (1984, S. 98 ff.), Strote (1985, S. 36), Wallrabenstein (1991, S. 257 ff.).
3 Zur Stufenfolge der Gruppenarbeit vgl. Petersen (1934, s. 71 ff.).
4 Hervorhebung im Original. An anderer Stelle heißt es zur Aufgabe des Lehrers während des Gruppenunterrichts: Der Lehrer „hat arbeitende Schüler zu unterstützen, auszuhelfen, zu steuern, zu führen und dabei in letzter verantwortlicher Instanz dafür zu sorgen, daß sich das Arbeiten im Raume in guter Ordnung vollzieht, die Schüler beste Zucht halten." Petersen (1934, S. 87).
5 Vgl.: Petersen (1984, S. 111 ff.)
6 Vgl.: Petersen (1980, S. 52 f.), Petersen (1984, S. 111 ff.)
7 Die nachfolgenden Ausführungen stellen eine teilweise stark gekürzte Fassung eines Artikels dar, der anderweitig bereits veröffentlicht wurde. Vgl. Götz (1992).
8 Prototypische Beispiele dafür liefert Wellenhofer (1979).
9 Zur Abgrenzung von schülerorientiertem und offenem Unterricht vgl. Neuhaus-Siemon (1989, S. 407).
10 Vgl. dazu: Bauer/Brucher (1982), Kasper (1979).
11 Vgl. z. B.: Garlichs (1990, S. 43 f.), Meis/Sennlaub (1983, S. 120).

Literatur

Bauer, E.-M./Brucher, Ch.: Grundschultagebuch. Frankfurt/M. 1982.
Bönsch, M./Schittko, K.: Einführung: Offener Unterricht – Vorschläge zur Veränderung des Unterrichts. In: Dies. (Hg.): Offener Unterricht. Hannover 1979, S. 9–31
Einsiedler, W. (Hg.): Konzeptionen des Grundschulunterrichts. Bad Heilbrunn/Obb. 1979
Garlichs, A.: Alltag im offenen Unterricht. Frankfurt/M. 1990
Geray, K.: Pädagogisierung contra Bildungsexperiment? In: Moll – Strobel, H. (Hg.): Grundschule – Kinderschule oder wissenschaftsorientierte Leistungsschule? Darmstadt 1982, S. 178–184
Götz, M.: Von geschlossenen zu offenen Lernsituationen im Sachunterricht der Grundschule. In.: Pädagogische Welt 41 (1987), S. 537–543
Dies.: Realisierungsmöglichkeiten offenen Unterrichts. In: Bayerische Schule 45 (1992), H. 5, S. 15–18
Groddeck, N.: Offener Unterricht. In: Enzyklopädie Erziehungswissenschaft. Bd. 8. Stuttgart 1983, S. 621–625
Kasper, H.: Vom Klassenzimmer zur Lernumgebung. Ulm 1979
Lamszus, W.: Vom Weg der Hamburger Gemeinschaftsschulen. In: Hilker, F. (Hg.): Deutsche Schulversuche. Berlin 1924, S. 262–276

Langeveld, M. J.: Die Schule als Weg des Kindes. Braunschweig 1960

Marxsen, I.: Mein Weg zum Wochenplanunterricht. In: Grundschule 19 (1987), H. 3, S. 50–53

Meis, R./Sennlaub, G. (Hg.): Mit Feuereifer dabei. Heinsberg 1983

Meyer, P.: Freie Arbeit und Wochenplan. In: Stach, R./Mayer, W. G./Meyer, P.: Zusammen lernen – Zusammen leben. Heinsberg 1984, S. 98–127

Montessori, M.: Mein Handbuch. Grundsätze und Anwendung meiner neuen Methode der Selbsterziehung der Kinder. Stuttgart 1992

Dies.: Kinder sind anders. Frankfurt/M., Berlin, Wien 1980

Dies.: Grundlagen meiner Pädagogik. Heidelberg, Wiesbaden 1988

Neuhaus-Siemon, E.: Offener Unterricht – eine neue pädagogische Utopie? In: Pädagogische Welt 43 (1989), S. 406–411

Otto, B.: Gesamtunterricht. In: Reble, A. (Hg.): Geschichte der Pädagogik. Dokumentationsband II. Stuttgart 1971, S. 515–518

Ders.: Die Berthold-Otto-Schule. In. Flitner, W./Kudritzki, K. (Hg.): Deutsche Reformpädagogik. Bd. 1. Düsseldorf, München 1961, S. 185–191

Petersen, P. (Hg.): Die Praxis der Schulen nach dem Jena-Plan. Weimar 1934

Ders.: Der kleine Jena-Plan. 56.–60. Aufl. Weinheim, Basel 1980

Ders.: Führungslehre des Unterrichts. Neuausgabe nach der 10. Aufl. 1971. Weinheim, Basel 1984

Popp, W.: Offenheit im Unterricht. In: Grundschule 20 (1988), H. 7/8, S. 70–73

Ramseger, J.: Neun Argumente für die Öffnung der Grundschule. In: Grundschulzeitschrift 1 (1987), H. 1, S. 6–7

Roth, H.: Pädagogische Psychologie des Lehrens und Lernens. 15. Aufl. Hannover 1976

Strote, I.: Das Wochenplanbuch für die Grundschule. Heinsberg 1985

Wallrabenstein, W.: Offene Schule – Offener Unterricht. Hamburg 1991

Wellenhofer, W.: Handbuch der Unterrichtsgestaltung. 1. Schuljahr. München 1979

HUBERT SCHMITT

Auf dem Weg zur Selbstbestimmung – Schrittweise Öffnung des Unterrichts

Freie Arbeit im vorliegenden Verständnis bezeichnet eine Lernform im Rahmen einer Schule, die dem Schüler im Blick auf das erklärte Ziel „Selbstbestimmung" Entscheidungsspielräume gewährt hinsichtlich seiner individuellen Lerntätigkeiten (z. B. Art und Zahl von Aufgaben, Reihenfolge der Bearbeitung, Schwierigkeitsgrad, Wahl der Arbeitsformen, Arbeitsmittel und Sozialformen). Damit bietet sie den geeigneten pädagogischen Rahmen für die Schaffung grundlegender Voraussetzungen zur Verwirklichung des angestrebten Bildungsziels.

1. Thesen zur Freien Arbeit

– *Freie Arbeit gewährleistet Kontinuität zwischen außerschulischen und schulischen Lernerfahrungen*

Der individuelle Drang, Neues kennenzulernen, die Neugier, die Lust, sich forschend mit Unbekanntem auseinanderzusetzen kann fortgeführt werden. Spontaneität, Eigeninitiative und selbstverantwortetes Entdecken bleiben erhalten bzw. werden weiter gefördert.

– *Freie Arbeit ermöglicht ganzheitliche (Lern-)Erfahrungen*

An die Stelle des vorstrukturierten, fachlich ausgerichteten Lernens im Sinne eines „Nachvollzuges vorgedachter Sinnstrukturen" (Ramseger) tritt die „aktive Erzeugung eigener Sinnstrukturen", indem sich die Schüler auf der Basis ihrer individuellen Lernerfahrungen mit ihren jeweils spezifischen Zugriffsweisen dem Lerngegenstand nähern und sich mit diesem auseinandersetzen.

– *Freie Arbeit erhält und fördert die Fragehaltung der Schüler*

Das häufig künstliche Frage- und Antwortspiel des vorgeplanten Unterrichts wird ersetzt durch echte Schülerfragen, die in der Auseinanderset-

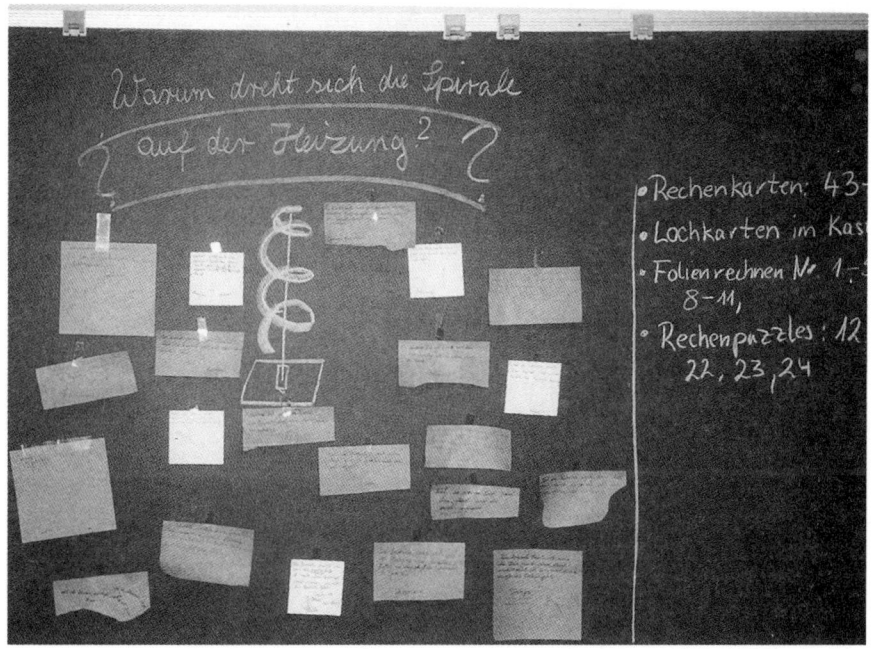

zung mit der Sache entstehen. Sie entsprechen den aktuellen Interessen der Schüler und werden im Sinne eines problemlösenden Lernens innerhalb des Arbeitsprozesses entwickelt, präzisiert, ggf. auch verworfen.

– Freie Arbeit ermöglicht individuelle Lernerfahrungen

Die Unterschiedlichkeit der Lerntypen einer Klasse erfordert für ein effektives Lernen eine weitgehende Individualisierung der Lernmodi, ausgerichtet auf die jeweils typspezifisch optimalen Lernkanäle. Dazu sind eine zeitweise Auflösung des Lernens im Klassenverband, ein differenziertes Lernangebot und eine relativ freie Zeiteinteilung nötig.

– Freies Arbeiten ermöglicht ganzheitliche Erfahrungen bezüglich des Arbeitsprozesses

In Phasen Freier Arbeit durchlaufen die Schüler in der Regel den gesamten Arbeitsvorgang selbst: Arbeitsziel – Arbeitsmittel – Arbeitsplan – Arbeitsschritte – Arbeitsergebnis (Gaudig – vgl. Hauptmann/Schubert 1989, S. 10)

– Freie Arbeit fördert soziale Erfahrungen und damit Interaktion und
Kommunikation in realen Situationen

In der Freien Arbeit übernehmen die Schüler selbst für ihre sozialen
Kontakte die Verantwortung, wählen sich Partner aus, die mit ihnen
gemeinsam arbeiten und lernen sollen. Die für die Freie Arbeit bestimmten Arbeitsmittel sind in der Regel nur in begrenzter Zahl vorhanden, was
sinnvolle Absprachen zwischen einzelnen Schülern bzw. -gruppen notwendig macht.

Planungsgespräche, Interaktionen während der Arbeit, metakommunika-
tive Gespräche zur Aufarbeitung entstehender Probleme, Auswertungs-
und Bewertungsgespräche nach Beendigung von Arbeitsphasen stellen
Ernstsituationen dar, die dem Schüler kommunikative Realerfahrungen
ermöglichen.

– Freie Arbeit erleichtert die Förderung der Kreativität

Kreativität ist nicht im Rahmen eines entsprechenden Schulfaches erlern-
bar, sondern abhängig von den das Lernen konstituierenden Faktoren,
z. B. einer anregungsreichen Umgebung, offenen Zielsetzungen, dem Erproben eigenwilliger und vielfältiger Lösungswege, dem Zur-Verfügung-

Stellen vielfältiger Hilfsmittel, dem Ermutigen zum Lernen aus eigener Initiative.

– Freie Arbeit ermöglicht die Erfahrung der Verantwortlichkeit, die sich im positiven Sinne auf das gesamte Schulleben auswirkt

Schüler dürfen ihr Lernen teilweise selbst in die Hand nehmen, sind an Entscheidungen mitbeteiligt und erfahren sich als Mitverursacher dessen, was in der Schule passiert. Entsprechend sind sie bereit, sich zu engagieren, sich an der Gestaltung des Schullebens aktiv durch ganzheitlich-personales Einbringen zu beteiligen.

– Freie Arbeit ermöglicht auch der Lehrkraft neue Rollenerfahrungen

Die Lehrkraft erweitert die Bandbreite ihrer Unterrichtsmethoden, erlebt sich häufiger als ‚Mit‘-Arbeiter, der in dieser Funktion für die Kinder eine große Bedeutung hat und sieht die enorme Vielzahl individueller Qualitäten bei einzelnen Schülern offener zutage treten als im herkömmlichen Unterricht. Damit gewinnt sie Zeit, sich den Kindern im engsten Kreise bedarfsgerecht zu widmen und erfährt dadurch in ihrer Beratungs- und Helferfunktion Erfolgserlebnisse. Sie erlebt die Vorbereitung, bezogen auf die individuellen Leistungsunterschiede ihrer Schüler, zunehmend als effektiver, da vorhandene Arbeitsmittel zielgerichtet eingesetzt bzw. neue Arbeitsmittel bedarfsgerecht erstellt werden können. Dies fördert effektiveres Arbeiten auch in frontalen Unterrichtssituationen und ein wachsendes Verständnis für auftretende Schwierigkeiten. Streßsymptome wie Disziplinschwierigkeiten und Lernunlust gehen zugunsten von Selbstdisziplin und Lernfreude zurück, was letztendlich auf alle Beteiligten entlastend wirkt. Die Eltern, die hier mehr als Helfer in den Schulalltag eingebunden werden können, werden als Partner und nicht als Gegner erlebt. Durch die Kooperation entstehen eine engere Verflechtung zwischen Elternhaus und Schule und damit auch mehr Verständnis der Eltern für die Institution Schule und die dort tätigen Lehrer.

2. Stufen auf dem Weg zur Freien Arbeit – ein Lehrgang

Freie Arbeit intendiert Selbstbestimmung; der Weg zu ihr ist ein Lernprozeß. Das gilt auch für die Fähigkeit, „frei arbeiten" zu können. Deshalb sollen jetzt vorrangig methodische Überlegungen Beachtung finden; ein Rezept gibt es nicht.

Die folgenden Stufen können deshalb, obwohl praxiserprobt, nur als eine denkbare Abfolge von Schritten interpretiert werden, denen andere Wege gleichberechtigt gegenüberstehen.

Einstieg in offene Unterrichtsformen

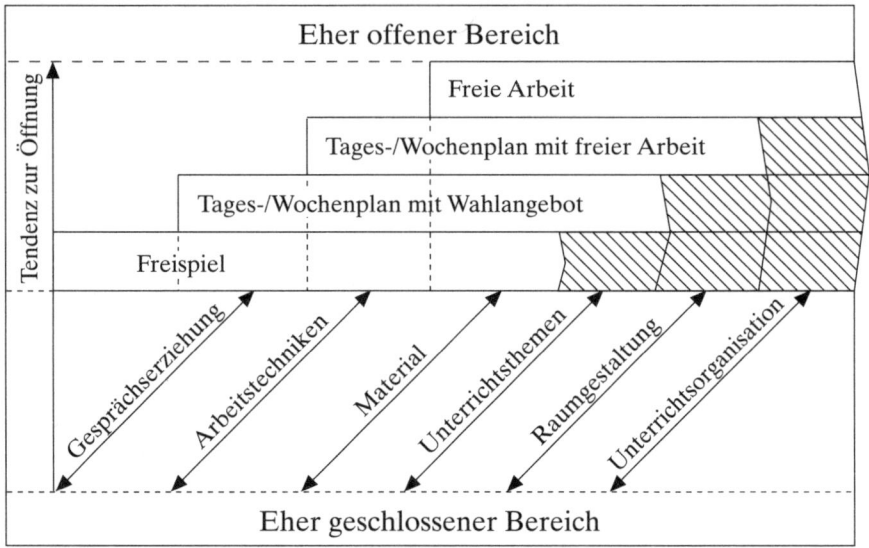

2.1 Das Freispiel als Einstiegsmöglichkeit

Das Freispiel entstammt der Vorschulpädagogik. Es ermöglicht dem Kind zu Beginn des Vormittages anhand des angebotenen Spiel- und Tätigkeitsmaterials selbständig sein Tun zu wählen, wobei es die Sozialform ebenso selbst bestimmen darf wie die Zeitdauer einzelner Aktivitäten (vgl. Wenzel 1983, S. 28).

Dies erleichtert nicht nur die Umstellung auf die Situation „Kindergarten", sondern führt beim Kind auch zu Interessenbildung, Aufgabenbereitschaft und Arbeitsfähigkeit. Wenn Kinder in die Schule kommen, sind sie daher – vorausgesetzt sie haben einen Kindergarten besucht – in der Lage,

- eine gewisse Zeit selbständig und ohne gezielte Betreuung zu spielen,
- aus einem vorhandenen Materialangebot auszuwählen bzw. dieses durch Mitgebrachtes zu ergänzen,
- auf attraktives Material zu verzichten, wenn dieses momentan vergriffen ist,

- verschiedene Sozialformen (Einzel-, Partner-, Gruppenaktivität) zu realisieren,
- zwischen freien und gelenkten Aktivitäten zu unterscheiden.

Hier setzt die erste Phase der Hinführung zur Freien Arbeit an, indem das aus dem Kindergarten bekannte Freispiel in die Anfangsphase des Erstunterrichts integriert wird.

Voraussetzung ist ein Fundus an altersgemäßen Spielen, die zumindest zum Teil mit den aus dem Kindergarten bekannten identisch sein sollten. Bei guter Kooperation mit der Vorschuleinrichtung wäre sogar ein Ausleihen einiger Spiele im Rahmen eines ersten Unterrichtsganges – gemeinsam mit der Klasse – denkbar.

Grundsätzlich gilt: Je bekannter die Spiele und die Umgebung, desto leichter der Abbau von Unsicherheiten und Ängsten und um so leichter nehmen Kinder ihre Freispielaktivitäten in der Schule wieder auf.

Freispielphasen werden günstigerweise in die Anfangszeit des Unterrichts gelegt und sollten mindestens 20–25 Minuten dauern. Gekoppelt mit der Vorviertelstunde läßt sich ein unnötiges Beschneiden der Unterrichtszeit vermeiden.

Freispiel zu Beginn des Unterrichtsvormittages empfiehlt sich insbesondere auch deshalb, weil durch das zeitlich versetzte Eintreffen der Schüler eine individuelle Zuwendung zur Arbeit möglich wird. Konflikte, etwa Streit um Materialien, treten seltener auf, und der Geräuschpegel wird durch den fließenden Beginn niedriger gehalten.

Die im Rahmen dieser Phase entstehenden Freiräume können vom Lehrer zur Schülerbeobachtung oder zur individuellen Betreuung genutzt werden. Gerade die Zuwendung zu einzelnen Kindern ist hilfreich, um Defizite (emotional, kognitiv, instrumental) auszugleichen.

Eine weitere Möglichkeit stellt die Einführung neuer Spiele in Kleingruppen dar. Kinder aus diesen Gruppen wirken anschließend als Multiplikatoren und entlasten den Lehrer von seiner zentralen Rolle.

Da Kinder die Freispielzeiten schlecht einschätzen können, sollte deren Dauer anhand einer Elementaruhr (Viertelstundensegmente) optisch angezeigt werden. Für das Ende von Freispielphasen empfiehlt sich ein gleitender Übergang, der durch ein akustisches Signal (z. B. Musik) eingeleitet wird, das den Schülern andeutet, allmählich ans Aufräumen zu gehen. Anschließend sollte grundsätzlich ein kurzer Gesprächskreis folgen, in dem Aktivitäten, aber auch Probleme und Wünsche angesprochen werden können; im Anschluß hieran beginnt der Regelunterricht.

Im Laufe des ersten Vierteljahres können die vorhandenen Spielmaterialien sukzessive durch Arbeitsmittel ergänzt bzw. ersetzt werden. Um die Aufmerksamkeit der Schüler gezielter auf die neuen, mehr didaktisch ausgerichteten Materialien zu lenken, sollten im Rahmen der Freispielaktivitäten zeitweise Einschränkungen – ggf. auch zum Zwecke der Individualisierung (z. B. Kompensation von spezifischen Defiziten bei einzelnen Schülern) – im Umgang mit dem vorhandenen Materialangebot getroffen werden. Dabei ist jedoch nicht an eine völlige Ablösung der Spielmaterialien durch die Arbeitsmittel gedacht, da die pädagogische Bedeutung des freien Spielens ihren fundamentalen Wert nicht verliert.

2.2 Die Arbeit mit Wochen- und Tagesplan

Im Laufe des Schuljahres kann das Freispiel allmählich durch den Wochen- oder Tagesplanunterricht ergänzt werden; dieser tritt allmählich in den Vordergrund, während das Freispiel als integriertes Element erhalten bleibt. Eine völlige Ablösung des Freispiels ist in den ersten beiden Jahrgangsstufen pädagogisch bedenklich, da es ein wesentliches Element des Kind-Sein-Dürfens in der Eingangsstufe darstellt.

Anders verhält es sich, wenn in der dritten/vierten Jahrgangsstufe mit dem Wochen-/Tagesplan gearbeitet wird, vor allem, wenn Kinder in den beiden ersten Jahrgangsstufen noch keine Erfahrungen mit dem Freispiel hatten.

- *Wochen-/Tagesplan – Was ist das eigentlich?*

Wochen-/Tagespläne lassen sich nach Huschke als „Konzepte der Unterrichtsorganisation" beschreiben (vgl. Huschke 1984, S. 11). Die Schüler erhalten auf die Klassensituation oder den individuellen Bedarf zugeschnittene schriftliche Pläne mit Aufgaben verschiedenen Typs aus verschiedenen Inhaltsbereichen. Diese Aufgaben sind teilweise verpflichtend, zum Teil als freiwilliges Angebot innerhalb eines festgelegten Zeitraumes (Woche/Tag) alleine oder in Gruppen zu bearbeiten und nach Möglichkeit selbst zu überprüfen.

Somit erhalten die Schüler Gelegenheit, einen gewissen Anteil der Unterrichtszeit weitgehend selbständig zu planen, teilweise auch selbst zu gestalten und damit ihr Lernen selbst in die Hand zu nehmen. (vgl. ebd.)

Vorgegeben sind in Wochen-/Tagesplänen in der Regel die Kernaufgaben, der zeitliche Rahmen sowie die Verpflichtung, erledigte Aufgaben nach Möglichkeit selbst zu kontrollieren oder durch Mitschüler kontrollieren zu lassen.

Freigestellt werden ein gewisses Wahlangebot an Aufgaben, die Zeiteinteilung, die Sozialformen und die Reihenfolge, in der die einzelnen Aufgaben und Zusatzangebote zu bewältigen sind.

Das Aussehen eines Wochen-/Tagesplans hängt grundsätzlich von der Lesefertigkeit der Schüler ab, weshalb sich in der ersten Jahrgangsstufe vor einer weitgehenden Beendigung des Leselehrganges zunächst die Arbeit mit Symbolen empfiehlt.

Die hier dargestellte Gestaltung eines Wochenplanes ist in dieser Komplexität frühestens in der zweiten Jahrgangsstufe denkbar, und auch dann nur, wenn die Schüler mit einfacheren Plänen bereits Erfahrungen gemacht haben. Die Gestaltung ist inhaltlich und in der äußeren Form auf das Leistungsvermögen der Klasse abzustimmen, umfangreichere Pläne müssen sukzessive entwickelt, die vorgenommenen Ergänzungen den Schülern in ihrer Bedeutung klar sein.

Erläuterungen zum Wochenplan (identische Numerierung von Plan und Text)

1. Da jeder Schüler einen Wochen-/Tagesplan erhält, und die Pläne auf individuelle Bedürfnisse abgestimmt werden müssen, sollte jeder Plan mit dem Namen des Schülers versehen sein, der ihn bearbeitet, zumal es immer wieder vorkommt, daß Pläne irgendwo liegenbleiben.
2. Die fortlaufende Numerierung erleichtert eine Überprüfung der Vollständigkeit bearbeiteter Wochenpläne.
3. Zeiten, in denen Arbeit mit dem Plan möglich ist, sollten dem Schüler detailliert mitgeteilt werden, um eine gezielte Planung zu erleichtern. Wie beim Freispiel sollte die Wochenplanarbeit zu Unterrichtsbeginn, spätestens nach der Pause in den Unterrichtsvormittag eingeplant werden, da sie den Schüler mehr fordert als der lehrergesteuerte Unterricht.
4. Auch die eigene Planung sollte offengelegt werden, indem der Schüler seine Aufgaben nach eigener Vorstellung über die Woche verteilt. So lernt er, sich selbst einzuschätzen, wenn am Ende Zielsetzungen und Zielerreichung miteinander verglichen werden.
5. Das Pflichtangebot muß umfänglich so begrenzt sein, daß auch von langsamer arbeitenden Schülern noch Wahlangebote bewältigt werden können. Offene und geschlossene, formale und kreative Aufgabenstellungen sollten sich die Waage halten.
6. Individualisierungsmaßnahmen sind ein wesentlicher Faktor der Wochenplanarbeit. Sie können durch eine entsprechende Aufbereitung des Wochenplanvordruckes ökonomisiert werden.
7. Das Wahlangebot sollte attraktiv und abwechslungsreich sein. Eine gezielte Berücksichtigung der Schülerinteressen ist empfehlenswert.
8. Erledigungs- und Kontrollspalten erleichtern dem Schüler den Überblick über seine Fortschritte im Arbeitsprozeß.
9. Einschätzungspunkte sind nicht zwingend notwendig, aber der Reflexion dienlich. Sie helfen, Wochenpläne mit der Zeit optimal auf das Niveau der Klasse bzw. des einzelnen Schülers abzustimmen.
10. Schüler sollen sich in die Wochenplanarbeit mit wachsender Erfahrung selbst einbringen, indem sie eigene Vorschläge für die inhaltliche Gestaltung machen oder über Probleme bei der Bearbeitung konstruktiv reflektieren. Entsprechender Raum auf dem Planvordruck dient als Gedächtnisstütze und erinnert immer wieder an diese Möglichkeit. Selbstverständlich können Bemerkungen auch auf der Rückseite des Wochenplans fixiert werden.
11. Illustrationen sind Geschmackssache, haben aber zuweilen eine nicht zu unterschätzende Motivierungsfunktion.

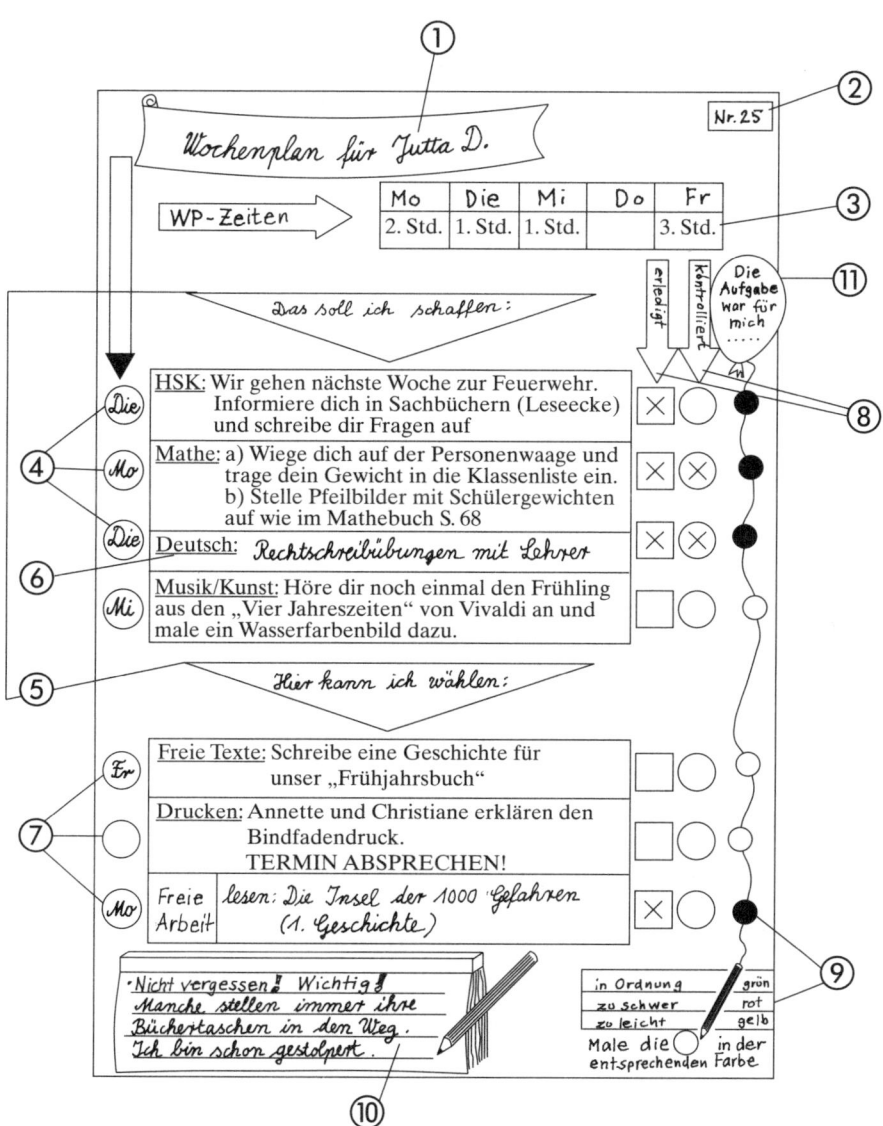

Die formale Anlage läßt sich ohne weiteres auf einen Tagesplan übertragen, wobei sich dann aus Zeitgründen eine starke inhaltliche Beschränkung von selbst versteht.

Tagesplan

für den _____

für

_____

Die Aufgaben des Tagesplans sollst du heute bis zur Pause schaffen. Du darfst die Reihenfolge der Aufgaben selbst festlegen.

		erledigt
Mathe:	Löse die Aufgaben des Rechenspiels und male den Kasper in den entsprechenden Farben aus.	
Deutsch:	1. Suche auf dem Leseblatt alle Berufe und kreise sie ein. 2. Bearbeite eine Karte aus der „Schriftpflegekartei". Schreibe in dein Schriftpflegeheft.	
Musik:	Suche zu unseren Musikbausteinen passende Weihnachtsgeschenke. Arbeite auf einem großen, karierten Blockblatt. Beispiel: Bar-bie-pup-pe Vi-deo-spiel	

Hier kannst du wählen, wenn du fertig bist:

1. Schreibe eine Wintergeschichte auf.

2. Lies ein Buch aus der Leseecke.

3. Spiele eines der Spiele (nicht das Zahnspiel).

- *Viel oder wenig – alles oder nichts? (Inhalte und Umfang)*

Die Inhalte von Wochen-/Tagesplänen sollten grundsätzlich vielfältig sein; eine Beschränkung auf sogenannte Kernfächer (Sachunterricht/ Deutsch/Mathematik) würde der Zielsetzung nicht entsprechen. Da der Umfang derartiger Pläne häufig aus Zeitgründen begrenzt werden muß, ist ein Wechsel der einzelnen Fachbereiche im Laufe eines längeren Zeitraumes denkbar.

Bedenken hinsichtlich mangelnder Zeit für eine intensive Wochen-/Tagesplanarbeit sind in der Regel unbegründet. Die gültigen Lehrpläne bieten Freiräume an, die zusammen mit einem Anteil des wöchentlichen Übungspensums in den einzelnen Fachbereichen – im Rahmen der Pflichtaufgaben können solche Übungen mühelos integriert werden – einen Zeitanteil von drei bis acht Unterrichtsstunden für die Planarbeit ergeben, der je nach individuellem Mut und Engagement genutzt werden kann, ohne daß gegen Verbindlichkeiten der Lehrpläne verstoßen wird.

Nicht mißverstanden werden darf der Plan als Ansammlung reiner Fertigkeitsübungen. Dies würde der pädagogischen Intention der Wochen-/ Tagesplanarbeit entgegenwirken. Es ist deshalb stets darauf zu achten, daß auch offene Aufgabenstellungen (Vorbereitung eines Themas, selbständige Erarbeitung, kreative Aufgabenstellungen) ausreichend Berücksichtigung finden.

Die Bedeutung der Individualisierung im Rahmen der Wochen-/Tagesplanarbeit wurde bereits erwähnt. Ohne sie verfehlt der Plan die wichtige Funktion der Abstimmung auf die Bedürfnisse einzelner Schüler. Selbstverständlich ist es nicht ohne weiteres möglich, für alle Schüler einer Klasse individuelle Pläne zu erstellen. Problemlos läßt sich jedoch ein allgemeingültiger Plan durch Streichungen, Ergänzungen bzw. Randbemerkungen auf die Bedürfnisse einzelner Kinder oder fachbereichsbezogener Lerngruppen abstimmen. Die Entscheidungsfreiheit des Schülers bleibt trotzdem in allen anderen Bereichen gewahrt.

- *Gewußt wie? – Die Arbeit mit dem Wochen-/Tagesplan*

Wochen-/Tagesplanarbeit funktioniert nicht ohne feste Ordnungsformen, die hier noch dringlicher einzufordern sind als im lehrergesteuerten Unterricht.

Im Gegensatz zum herkömmlichen Unterricht oder zur Arbeit mit dem Tagesplan, die sich beide verteilt über die Woche planen und organisieren lassen, müssen die für die Wochenplanarbeit benötigten Arbeitsmittel jeweils zu Wochenbeginn bereitstehen.

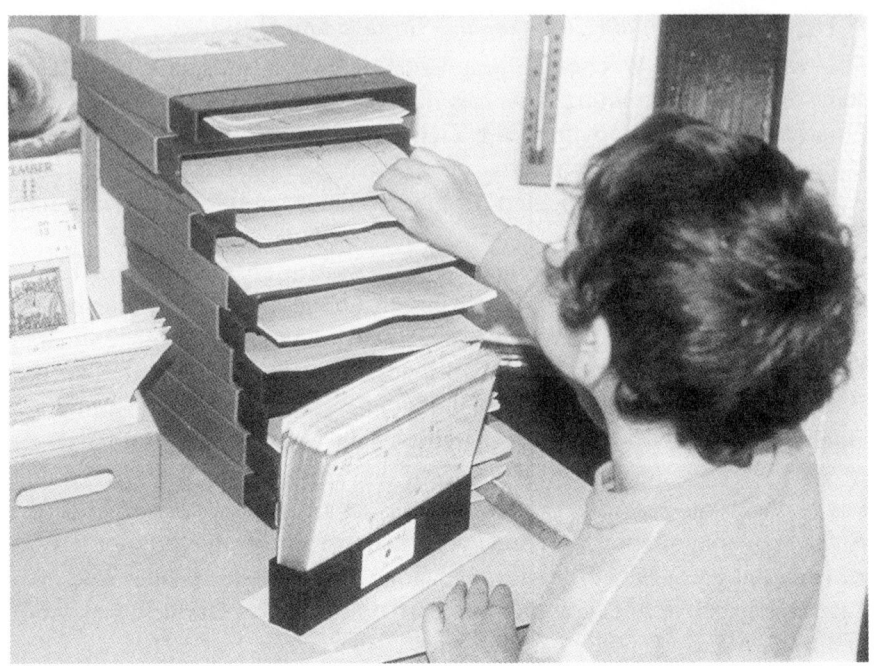

Diese Arbeit wird mit Anwachsen des klasseneigenen Arbeitsmittelangebotes zunehmend ökonomischer, da immer häufiger auf bereits vorhandene Materialien zurückgegriffen werden kann.

Mit steigendem Alter können sich die Schüler immer effektiver in die Arbeitsmittelherstellung einbringen. Dies ist sogar im Rahmen der Wochenplanarbeit als individualisierende Aufgabenstellung (Kleingruppe) denkbar.

Ersteinführung

Je gründlicher die Einführung erfolgt, desto früher ist selbstgeleitetes Arbeiten im Sinne des Wochenplans möglich:

Vor Einführung des ersten Wochenplans ist sicherzustellen, daß grundlegende Teilelemente zumindest ansatzweise beherrscht werden. Als solche können gelten:

– genaues Lesen, Verstehen und Befolgen von Arbeitsanweisungen (schriftlich oder symbolisch),
– Bereitschaft und Fähigkeit, nebeneinander zu arbeiten,

- kennen und realisieren unterschiedlicher Sozialformen,
- Fähigkeit und Bereitschaft, Selbstkontrollen auszuführen. (vgl. Huschke 1984, S. 17)

Die Einführung erfolgt am besten im Kreisgespräch. Hierzu wird der erste Wochenplan an alle Schüler verteilt, mehrfach gelesen und in allen Elementen gründlich erklärt. Eine Checkliste hilft, nichts zu vergessen. Folgende Hinweise können eine Ersteinführung erleichtern:

- Sämtliche Fragen der Schüler werden zugelassen.
- Einzelne Elemente werden veranschaulicht: So kann z. B. ein Schüler das Ankreuzen, das Ausfüllen usw. demonstrieren.
- Sicherndes Vorgehen ist entscheidend, bevor die Kinder mit der Wochenplanarbeit beginnen; deshalb sind Wiederholungen und Zusammenfassungen ratsam.
- Inhaltlich sollten die ersten Wochen-/Tagespläne so gestaltet sein, daß sie von allen Schülern möglichst erfolgreich bewältigt werden können.
- Schüler bringen für die Wochen-/Tagesplanarbeit unterschiedliche Voraussetzungen mit. Ein reibungsloser Ablauf der Planarbeit sollte daher nicht zu früh erwartet werden. Zweckmäßig ist eine gründliche und konsequente Auseinandersetzung mit den Anfangsproblemen, z. B.: „Womit soll ich anfangen? In welcher Reihenfolge soll ich vorgehen? Was soll ich an welchem Tag erledigen? Wieviel kann ich an einem Tag überhaupt schaffen? Soll ich alleine, mit dem Partner oder in einer Gruppe arbeiten? So etwas ist für mich überhaupt zu schwer, ich kann das nicht!"
  Hier ist differenzierte beratende Hilfe durch den Lehrer gefordert.

Beispiele:

- Nachfragen, ob schon eine Strategie besteht.
- Eine Planbesprechung mit dem Kind durchführen und dabei dessen Bedürfnisse ausloten.
- Teilleistungen entsprechend verstärken und dadurch zum Durchhalten ermutigen.
- Den Entscheidungsspielraum einschränken durch Vorgaben, z. B. Reihenfolge oder Mindestleistung pro Wochen-/Tagesplan-Zeiteinheit. Dies ist besonders wichtig, wenn Kinder mit ihrem Wochen-/Tagesplan nicht fertig werden.
- Bei Bedarf kurzfristig aufgabenbezogene Gruppen bilden, mit denen ein gemeinsames Problem erörtert wird.

– Kinder als Helfer einsetzen zu kurzfristigen Erläuterungen oder Betreuertätigkeiten oder als feste Tutoren für ein bestimmtes Kind.
– Sollten Kinder häufiger ihren Plan nicht erfüllen, ist eine individuelle Problemanalyse angebracht: Fühlt sich der Schüler vom Plan überfordert? Kann er sich nicht für eine Reihenfolge entscheiden? Ist er noch nicht in der Lage, eine plangerechte Zeiteinteilung vorzunehmen? Kann er bestimmte Aufgaben nicht selbständig lösen?

Der nicht alltägliche Alltag beginnt:

Die Planvorbesprechung:

Sie bildet den äußeren Rahmen für den Beginn der regelmäßigen Wochen-/Tagesplanarbeit. Im Gesprächskreis werden die wesentlichen organisatorischen und inhaltlichen Aspekte des neuen Wochenplanes gemeinsam erörtert und Unklarheiten nach Möglichkeit ausgeräumt. Dies ist wichtig, um ein ungestörtes und vor allem selbständiges Arbeiten der Schüler im weiteren Verlauf sicherzustellen.

Außerdem können Individualisierungsmaßnahmen innerhalb des Wochen-/Tagesplans mit betroffenen Schülern vereinbart werden. Darüber hinaus sollte ein gewisser zeitlicher Rahmen bleiben, in dem die Schüler ihre individuelle Planung vornehmen bzw. die Zusammenarbeit für bestimmte Aktivitäten mit anderen Schülern vereinbaren können.

Diese Disponierung muß von den Schülern bewußt vorgenommen werden, um eine unreflektierte Bearbeitung der einzelnen Aufgaben zu vermeiden und die Möglichkeit des Vergleiches zwischen Planung und Planerfüllung sicherzustellen, da die Fähigkeit zu planen später nicht auf die zeitliche Verteilung von Aufgaben beschränkt bleibt, sondern auf Inhalte ausgeweitet wird.

Arbeitsphasen

Diese werden nach den zeitlichen Vorgaben des Wochenplanes – die konsequent eingehalten werden sollten – und der jeweils individuellen Planung der Schüler realisiert. Der Lehrer hat hier entweder Beobachtungsfunktion oder er betreut und berät nach vorheriger Vereinbarung oder bei auftretenden Problemen einzelne Schüler oder Gruppen bei der Erledigung bestimmter Aufgaben.

Die Beendigung der einzelnen Wochenplanarbeitsphasen sollte nicht abrupt erfolgen, sondern angekündigt werden; eine kurze Schlußbesprechung schließt sich an. Diese dient der Reintegration der Schüler in die Klassengemeinschaft.

Außerdem erfahren Kinder, die über ihre Arbeit berichten dürfen, daß ihre Aktivitäten ernstgenommen werden.

Durch interessierte Fragen – zunächst des Lehrers, dann zunehmend auch der Schüler – werden Aktivitäten nochmals versprachlicht und damit intensiv durchdrungen; es werden gemeinsame Interessen entdeckt, Ratschläge erteilt oder Hilfen angeboten.

Die Abschlußdiskussion am Ende der Woche:

Die Abschlußdiskussion am Ende der Woche gibt den Kindern Gelegenheit, ihre Probleme und Erfahrungen mit dem Wochen-/Tagesplan offen darzustellen und zu diskutieren, aber auch Vorschläge für Innovationen einzubringen, die nach Möglichkeit in die weitere Wochen-/Tagesplanarbeit aufgenommen werden.

Abschlußdiskussionen dieser Art stellen hohe Anforderungen an die

Schüler. Damit Kinder differenziert und konstruktiv über ihre Erfahrungen, Bedürfnisse und Probleme reden können, muß eine derartige Aussprache im Laufe der Woche gezielt vorbereitet werden.

Huschke schlägt hierfür folgende Maßnahmen vor:

- Durch vereinbarte Symbole kennzeichnen Kinder bei jeder Aufgabe die von ihnen selbst empfundene Schwierigkeit.
- Kinder notieren sich – soweit sie dazu bereits in der Lage sind – die Zeit, die sie für einzelne Aufgaben benötigen. Anfänglich könnte das auch der Lehrer tun (Vermerken von Anfangs- und Endzeit).
- Die Schüler schätzen ihre subjektive Freude an den einzelnen Aufgaben ein.
- Beschwerden etc. werden an einer Wandzeitung oder unter Verwendung eines Kummerkastens notiert.
- Am Anfang sind Fragebogenaktionen zu auftretenden Schwierigkeiten, die sich aus dem Wochen-/Tagesplanunterricht ergeben, denkbar.

- Von besonderer Bedeutung kann die Aufgabe sein, Regeln für die Wochen-/Tagesplanarbeit zu notieren, da diese Aufzeichnungen eine wertvolle Grundlage für das Aufstellen von Regeln sein können (vgl. Huschke 1984, S. 42 ff.).

Nicht vergessen! Wichtig!

Man muß die Karteikarten gleich wieder richtig einordnen.

„... Kontrolle ist besser"

Ein wesentlicher Faktor der Wochenplanarbeit ist die Selbstkontrolle, da die Notwendigkeit einer (kritischen) Überprüfung der eigenen Arbeit der Lebenswirklichkeit entspricht. Selbstkontrollen eignen sich selbstverständlich nur für Aufgaben, die zu einem eindeutigen, verbindlichen Ergebnis führen (z. B. Rechenaufgaben, Wortschatzübungen usf.).
Hierfür bieten sich verschiedene Möglichkeiten an:

- Lösungsblätter werden an einem für alle zugänglichen Ort ausgehängt.
- Eine „Lösungsmappe" wird vom Lehrer bei Bedarf an kontrollierende Schüler ausgehändigt.
- Arbeitsmittel enthalten bereits Kontrollmöglichkeiten (z. B. Kontrollkarten mit entsprechenden Lösungen oder Aufgabenstellungen).
- Lösungen von Schülern werden vom Lehrer überprüft und dann für die anderen zur Kontrolle verwendet.
  Offene oder kreative Aufgabenstellungen (Freie Texte, Zeichnungen, sachkundliche Projekte) können in der Regel nicht selbstkontrolliert werden. Hier muß das Feed-Back im Rahmen gemeinsamer Besprechungen (mit dem Partner, der Gruppe, der ganzen Klasse) oder durch die Korrektur des Lehrers erfolgen.

Der abschließenden Korrektur aller Wochenplanarbeiten durch den Lehrer kommt wesentliche Bedeutung zu, da

- nicht alle Schüler ohne weiteres in der Lage sind, ihre Arbeiten zuverlässig zu überprüfen,
- die Wochenplanaufgaben im Rahmen der Leistungserhebungen unbedingt berücksichtigt werden sollten, und
- die Bestätigung durch den Lehrer eine pädagogische Wirkung (positive Verstärkung) bedeutet, die der Schüler aus dem herkömmlichen Unterricht kennt. Auf sie im Rahmen der Wochenplanarbeit zu verzichten, könnte eine Abwertung zur Folge haben.

2.3 Freie Arbeit

Freie Arbeit orientiert sich am Gestaltungs- und Handlungsdrang des Kindes, wobei der Arbeitsbegriff umfassend gesehen wird. Er ist nicht beschränkt auf die Ausführung von Arbeit, sondern geht von einem Arbeitsverständnis aus, das sich an den Merkmalen *Zielsetzung, Planung, Materialbereitstellung, Arbeitskontrolle und -rückschau* orientiert.

Hermann Schwarz bemerkt dazu: „Die freien Kinderaktivitäten... sind die offenste Methodenform in der Grundschule, in der sich, da die Einschränkungen gering sind und keine Verpflichtung zum Erreichen bestimmter Lernziele besteht, selbstgesteuertes, von den eigenen Interessen geleitetes Lernen des Kindes besonders gut entfaltet" (Schwarz 1989, S. 12).

Am günstigsten wird die Freie Arbeit zunächst in die Wochenplanarbeit integriert. Das dort übliche Wahlangebot wird durch die Freie Arbeit ersetzt, selbstverständlich nicht ohne die Bedeutung des Begriffs „Freie Arbeit" mit den Schülern gründlich zu erörtern.

Der besondere Reiz der Freien Arbeit liegt neben den pädagogischen Zielen, die bereits angesprochen wurden, in der Vielfalt zusätzlicher Ideen, die nun in den Unterrichtsprozeß mit einfließen können. Dies bezieht sich sowohl auf die Ausweitung von Themenbereichen auf Wunsch der Schüler als auch auf die Hereinnahme neuer Ideen, die allgemein thematisiert werden und die Grundlage entweder für den Klassenunterricht oder für die Erstellung neuer Arbeitsmittel bilden.

Da die Effektivität Freier Arbeit zu einem gewissen Teil abhängig ist vom Vorhandensein eines reichhaltigen Arbeitsmittel- und Arbeitseckenangebots, sollten die Schüler zur Erstellung zunehmend herangezogen werden. Sie müssen lernen, Arbeitsmittel selbständig herzustellen und für andere verfügbar zu machen. Bedenken hinsichtlich des Schriftbildes oder der Rechtschreibung sollten hierbei nicht überbewertet werden. Beides kann bei Bedarf korrigiert werden.

Gelingt Freie Arbeit in dieser Form zunehmend sicherer, ist es denkbar, die Wochen-/Tagesplanarbeit ganz durch die Freie Arbeit abzulösen oder den Wochenplan nur noch zu Differenzierungsmaßnahmen für einige Schüler einzusetzen. Wird dies angestrebt, müssen die Schüler, der Wochenplanarbeit vergleichbar, zum Wochenbeginn einen jeweils individuellen Plan erstellen, den sie für sich selbst für verbindlich erklären und während der Woche bearbeiten. Hierbei entscheiden sich die Schüler, im Idealfall weitgehend ohne Unterstützung durch den Lehrer, für notwendige Übungen und Wiederholungen, suchen sich für bestimmte Arbeiten Partner oder Gruppen und setzen sich konstruktive bzw. kreative Ziele. Der Lehrer greift in diesen Phasen nur noch ein, wenn Einseitigkeiten oder Rückstände auftreten, ansonsten arbeitet jeder Schüler für sich oder mit anderen.

Die innerhalb der Freien Arbeit mögliche völlig freie Wahl der Aktivitäten kann in einzelnen Fachbereichen eingeschränkt werden, wenn es sich aus didaktischen Gründen anbietet. Dies wird vor allem notwendig, wenn bestimmte Arbeitsmittel lehrgangsmäßig in einer festen Reihenfolge zu bearbeiten sind (z. B. Rechtschreibkarteien oder Übungskarteien in Mathematik). Wie beim Wochenplan kommt auch bei der Freien Arbeit dem Gespräch zentrale Bedeutung zu:

- Einführungsgespräche sind notwendig, um z. B. Klarheit über die einzelnen Planungsvorhaben der Schüler zu bekommen, so daß diese sich bezüglich der Arbeitsmittel absprechen oder Vereinbarungen zur Kooperation treffen können.
- Schlußgespräche dienen der Integration des Ganzen in die Gemeinschaft. Hier berichten zu dürfen stärkt das Selbstwertgefühl und das Bewußtsein, etwas Erwähnenswertes geschafft zu haben. Das Schlußgespräch ist aber auch der Ort, um Probleme anzusprechen, die einzelne Schüler hatten. Schließlich können gruppendynamische Prozesse thematisiert werden.

Im Idealfall werden diese Gespräche nicht vom Lehrer, sondern von einem Schüler als Gesprächsleiter geleitet. Da dieses Amt im Wechsel von allen Schülern bekleidet wird, genießt es Ansehen, so daß Disziplinverstöße kaum auftreten.

3. Leistungsbewertung

Der Wochenplan oder die Freie Arbeit sind keine bewertungsfreien Aktivitäten, die sich der Kontrolle und Beurteilung durch die Lehrkraft entziehen. Im Gegenteil scheint eher ein breiteres Beurteilungsspektrum und damit eine umfassendere Bewertung des einzelnen Schülers möglich, insbesondere, wenn die Leistungserhebungen aus Wochenplan- und/oder Freier Arbeit mit denen aus dem übrigen Unterricht kombiniert werden. Gerade der Forderung nach einer Berücksichtigung mündlicher, schriftlicher und praktischer Leistungen für die Notenfindung kann im Rahmen der Wochenplanaktivitäten oder der Freien Arbeit besonders entsprochen werden:

- Mündliche Noten können nicht nur in Form von Mitarbeit oder Abfragen gewonnen, sondern auf das Feld der Kommunikation innerhalb der Arbeit ausgedehnt werden. Wo ließe sich besser die tatsächliche Leistung eines Schülers ablesen, als wenn er einem anderen eine Aufgabe oder einen Lösungsweg erklärt, wo muß er genauer verbalisieren, als wenn er im Gesprächskreis seine Aktivitäten beschreibt, seine Untersuchungen darstellt? Woran läßt sich das Verständnis eines Lerngegenstandes besser erkennen als im persönlichen Gespräch zwischen Lehrer und Schüler oder vor den kritischen Ohren einer aufmerksamen Zuhörergemeinde? Die Reaktion der übrigen Schüler bietet hier einen wertvollen Indikator; der kommunikative Erfolg wird zum Bewertungskriterium.

- In keiner anderen Unterrichtsform ist der Schüler auch praktisch handelnd so aktiv wie im Wochenplanunterricht oder in der Freien Arbeit. Dabei bezieht sich praktisches Arbeiten nicht nur auf handwerkliche Geschicklichkeit, sondern auch auf den Umgang mit Arbeitsmaterialien (Sorgfalt, Effektivität etc.) sowie auf die Fähigkeit, sich über praktische Lösungsvollzüge Wissen anzueignen und sich anschauliche Modelle zu schaffen oder zu beschaffen, mit deren Hilfe Lösungsvollzüge realisiert oder Ergebnisse aufgezeigt werden können.

- Schriftliche Leistungen sind bei unterschiedlichen Aktivitäten komplizierter zu erbringen bzw. zu objektivieren, wenn die Klasse als Richtschnur für die relative individuelle Leistung des einzelnen (Klassendurchschnitt) betrachtet wird. Versucht man jedoch Leistung eher als persönliche Disposition zu interpretieren, die sich in Abhängigkeit von der jeweiligen Leistungsfähigkeit und -bereitschaft des einzelnen entwickelt, so werden individuelle Leistungskontrollen möglich.

Beispiel Rechtschreiben:

- Der Schüler übt einen vorgegebenen Nachschriftentext anhand einer Arbeitskartei oder entsprechender Übungen.
- Er läßt sich diesen Text oder die Lernwörter von einem Partner diktieren und kontrolliert mit diesem zusammen seine Fehler.
- Sobald der Schüler der Meinung ist, den Text fehlerfrei schreiben zu können, unterzieht er sich einem weiteren Diktat, entweder durch den Lehrer oder durch ein Cassettendiktat (Kopfhörer fördern die Konzentration).
- Er selbst kontrolliert anhand des Originaltextes (Fehler bewußtmachen ist ein wichtiges Prinzip im Rechtschreiben!) und trägt Fehler in seine Fehlerkartei ein.

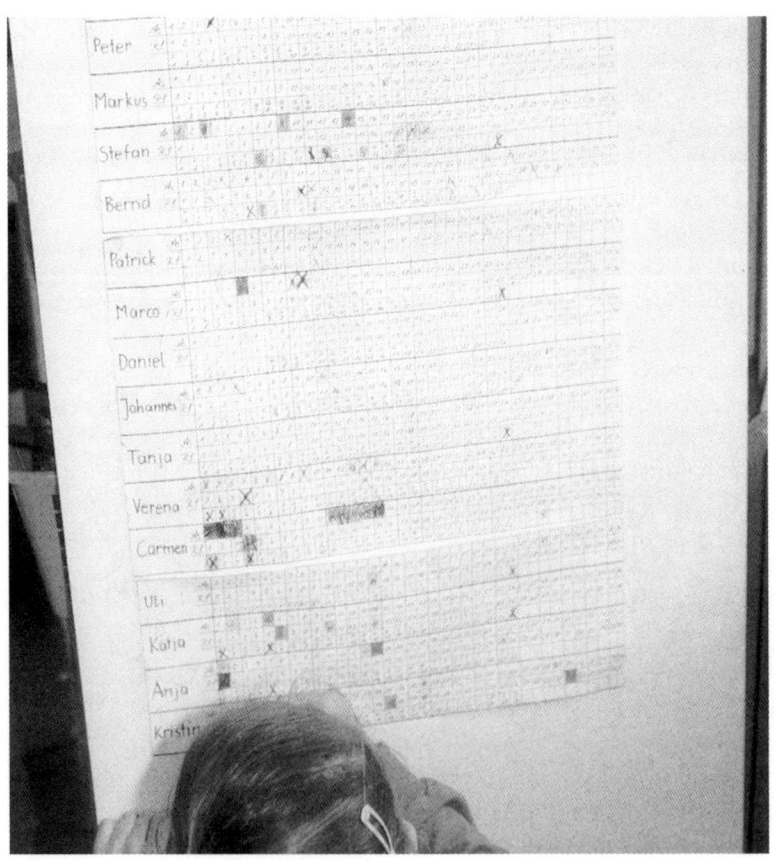

- Der Lehrer kontrolliert zum Abschluß den Text und kommentiert ihn sofort.
- Wurden einige Übungstexte eines in der Reihenfolge verbindlichen Rechtschreiblehrgangs erarbeitet, unterzieht sich der Schüler anhand einer „Probediktatcassette" (Lehrer, die Unterschleif fürchten, können diese selbst verwahren) einem Probediktat, das er anschließend dem Lehrer zur Kontrolle und Benotung überläßt.
- Im Sinne der Effektivierung des Rechtschreibunterrichts trägt der Schüler auch seine Fehler in eine Fehlerkarte ein, anschließend folgen Übungen zur richtigen Schreibweise.

Für die Lehrkraft fällt keine zusätzliche Arbeit im Bereich der Leistungsbewertung und -kontrolle an. Sie muß lediglich flexibler agieren und die Bedeutung des individuellen Lernfortschritts als gleichberechtigte, die herkömmliche Bewertungspraxis ergänzende Beurteilungsgrundlage akzeptieren.

Um einem Mißverständnis vorzubeugen: es geht hier nicht um einen überzogenen Leistungsfetischismus, sondern um die Verdeutlichung des Wertes und der Möglichkeiten einer akzeptablen Leistungsbewertung im Rahmen der Wochenplanaktivitäten und der Freien Arbeit, da gerade die scheinbare Nichtbewertbarkeit offener Unterrichtsformen häufig als Argument für deren Ablehnung oder für zu enge zeitliche Beschränkung angeführt wird.

4. Raum für Freiräume – die Klassenzimmergestaltung

Freispiel, Wochenplanarbeit und Freie Arbeit hängen entscheidend von einer entsprechenden Gestaltung der Räumlichkeiten ab, denn mit der Ablösung von einem mehr frontal ausgerichteten Unterricht – gelegentlich ergänzt durch Sozialformen wie Partner- oder Gruppenarbeit – findet der Hauptanteil der Aktivitäten in Kleingruppen, mit dem Partner oder alleine statt. Hierzu ist eine Umstrukturierung des Raumes nötig, die für die Schüler die notwendigen Bedingungen schafft, um einzeln oder in Kleingruppen möglichst ungestört den ausgewählten Aktivitäten nachgehen zu können. Zwei Faktoren sind in diesem Zusammenhang von besonderer Bedeutung:

a) die Raumatmosphäre (Wohnlichkeit), die das Wohlbefinden nachhaltig beeinflußt,

b) die Funktionalität, die den veränderten Arbeitsbedingungen entgegen-
kommt.

● *Schulraum – wohnlich gestaltet:*

Entscheidend für das psychische Wohlbefinden ist eine Raumgestaltung,
die ein „Sich-Einhausen-Können" (Kasper 1979, S. 32) ermöglicht. Diese
kann erreicht werden durch die Hereinnahme von Einrichtungselementen
aus dem privaten Bereich wie Sessel, Sitzpolster, Teppiche, Tischdecken,
Matratzen, die bereits durch ihren optischen Eindruck einem Schulraum
eine wohnliche Atmosphäre geben. Auch Sitzkissen fördern das Wohlbefinden, indem sie das Bilden kleiner Sitzkreise am Boden oder den Rück-
zug einzelner Schüler in eine Ecke ohne zusätzlichen Aufwand ermöglichen. Werden Möbel eingestellt (Regale, Fächer usf.), sollten diese möglichst aus Holz und in kräftigen Farben gestrichen sein.
Zu einer wohnlichen Klaßraumgestaltung gehört der Zimmerschmuck.
Blumen sollten auf keinen Fall fehlen; falscher Pflege kann durch Klebe-
etiketten auf den Blumentöpfen entgegengewirkt werden, die mit den
Namen der Pflanzen und einer genauen Pflegeanleitung versehen sind.
Häufig fehlen Möglichkeiten zum Anbringen von Bildern, Wandschmuck

oder Schülerarbeiten. Mit wenig Aufwand können Wandflächen mit Styroporplatten beklebt und diese anschließend mit Dispersionsfarben gestrichen werden. Optimal sind mit Korktapeten beklebte Wände, deren unterer Bereich für die freie Gestaltung durch die Schüler reserviert wird, während der obere der Lehrkraft zur Verfügung steht.

- *Raum für Spiel und Entspannung:*

Spielen ist ein fundamentales Bedürfnis des Kindes, das auch im Rahmen des Schullebens ausreichend Berücksichtigung finden muß. Dazu ist die Schaffung von Spielraumzonen notwendig. Bewährt hat sich die Installation einer festen Spielecke, die möglichst mit einem Teppich versehen sein sollte. Zur flexiblen Spielraumerweiterung sind weitere Teppichreste ratsam, die von den Kindern nach Bedarf ausgelegt werden können.

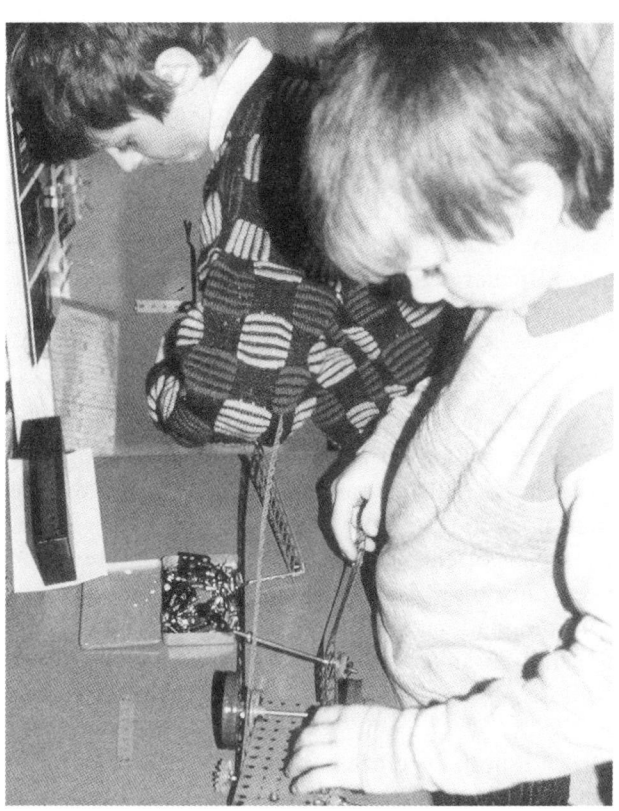

Eine weitere wichtige Rückzugs- und Entspannungsmöglichkeit bietet die Leseecke. Sie sollte in keiner Klasse fehlen und nicht nur ein breites, übersichtlich angeordnetes Bücherangebot enthalten, sondern durch eine gemütliche Möblierung zur Nutzung anregen.

- *Raum für Freie Arbeit:*

Freie Arbeit lebt von der Nutzung eines umfassenden Medienangebotes. Die Materialien müssen leicht zugänglich und nach für Schüler einsichtigen Kriterien angeordnet sein, so daß eine rasche Auswahl ebenso wie ein problemloses Aufräumen möglich ist.
Besonders bewährt haben sich offene Regale, in denen die Materialien nach Fachbereichen angeordnet sind. Farbige Kennzeichnungen oder Zeichen erleichtern das Ordnunghalten. Sind keine Regale vorhanden, so können herkömmliche Schulschränke genutzt werden, wenn die Türen entfernt wurden. Verschlossenes regt wenig an und erschwert Planung und Interessenbildung.
Da Aufgaben nicht immer innerhalb einzelner Freiarbeitsstunden vollständig fertiggestellt werden können, sind entsprechende Aufbewah-

rungsmöglichkeiten von großer Bedeutung. Hierfür eignen sich die in Kindergärten üblichen Eigentumsfächer. Bei der Anschaffung ist auf eine ausreichende Größe zu achten. So sollten auch der Zeichenblock und die Malutensilien noch Platz im jeweiligen Fach finden. Reichen die finanziellen Mittel nicht für eine komplette Ausstattung mit Holzfächern aus, können als Übergangslösung Pappkartons mit Tapete überklebt und gestapelt werden (Haltbarkeit ca. ein Schuljahr).

- *Raum für Differenzierung:*

Freie Arbeit schafft Freiräume für Individualisierung. Das kommt gerade den Leistungsschwächeren zugute. Kasper/Meier schlagen im Zusammenhang mit der Raumgestaltung für Individualisierungsprozesse sogenannte Lernstudios vor (vgl. ebd. S. 194). Das sind leicht selbst herzustellende Einzellernkabinen, in denen einzelne Schüler spezielle Förderprogramme bearbeiten. Um Stigmatisierungsproblemen entgegenzuwirken, dürfen die Lernstudios selbstverständlich von allen Schülern benutzt werden. Sicht- und weitgehend auch lärmgeschützt, haben sich Lernstudios als attraktive Arbeitsplätze für Einzel- und Partnerarbeit erwiesen.

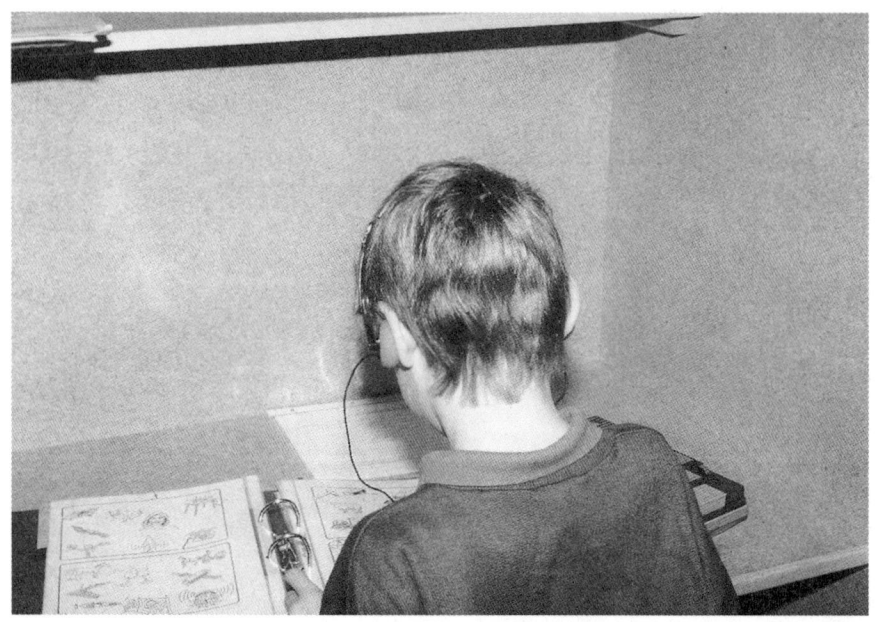

Sollte die Einrichtung solcher Studios nicht möglich sein, werden abgetrennte Einzellernplätze empfohlen. Sichtschutz gewähren z. B. fahrbare Tafeln, quergestellte Regale oder Schränke, aber auch Ständer, etwa mit Beton gefüllte Waschmitteltrommeln, in die Leisten eingelassen sind, an denen eine Spanplatte fixiert ist. Die Spanplatte kann als zusätzliche Ausstellungswand dienen.

- *Raum für soziales Lernen:*

Neben der individualisierenden nimmt die soziale Komponente im Zusammenhang mit der Freien Arbeit einen breiten Raum ein. Frontal ausgerichtete Bänke können dem lehrerzentrierten Unterricht und einer optimalen Sicht zur Tafel förderlich sein, erschweren jedoch jedes Unterrichtsgespräch. Hierfür sind die Hufeisenform und die Gruppensitzweise besser geeignet, insbesondere, wenn die Schüler zu Gesprächen – nach Möglichkeit in einem echten Gesprächskreis – zusammenkommen.

- *Raumgestaltung und Mitbestimmung:*

Bei der Umgestaltung des Klassenzimmers sind die Schüler zu beteiligen. Mitarbeit erleichtert nicht nur die Identifikation mit dem Raum, sondern

läßt im Sinne der Selbstbestimmung die Möglichkeit der Eigeninitiative und der Erprobung individueller Vorstellungen der Raumgestaltung zu. Vorgefertigtes vermittelt immer den Eindruck der Unveränderbarkeit und verhindert so die Erfahrung der Möglichkeit, Raumgestaltung auf die individuelle Befindlichkeit abzustimmen.

5. Keine Angst vor Eltern!

Eltern stehen Veränderungen in der Schule zuweilen mit großer Skepsis gegenüber, da sie ihre eigenen, traditionellen Erfahrungen mit Schule als Grundlage für die Schulkritik heranziehen. Im Zusammenhang mit der Öffnung des Unterrichts scheint dies allerdings nicht der Fall zu sein. Eltern befürworten nach teilweiser anfänglicher Skepsis Formen offenen Unterrichts überwiegend und sehen ihn als positive Ergänzung zum herkömmlichen Schulalltag. Dazu einige Zitate von Eltern:
„Um Offenen Unterricht zu machen, müssen die Lehrer, wie ich meine, fleißiger und flexibler sein, als bei herkömmlichen Unterrichtsformen, denn der Unterricht kann nicht genau geplant werden. . . .

Den Lehrerinnen und Lehrern wird viel abverlangt. Sie müssen sich ständig fortbilden und bemühen sich sehr um die Eltern. ...
Da sie den Kindern Lust bei der Arbeit verschaffen wollen . . ., haben sie selber mehr Lust bei der Arbeit." (Krahl 1989, S. 47),
Voraussetzung ist, daß Eltern vorher angemessen, etwa im Rahmen eines Elternabends, über das Vorhaben informiert werden. Inhaltliche Schwerpunkte könnten sein:

- allgemeine Ziele der Wochen-/Tagesplan- oder Freien Arbeit im Hinblick auf die Entwicklung des Kindes,
- die Rechtmäßigkeit (Lehrplangemäßheit) des Vorhabens,
- die beabsichtigte Vorgehensweise,
- die Verbindung zwischen offenem und geschlossenem Unterricht zur Optimierung schulischen Lernens,
- die Bedeutung selbständigen Lernens im Hinblick auf effektives Üben,
- Arbeitsmittel, die im Rahmen eines Elternabends vorgestellt und erprobt werden können.

Gleichzeitig sollte den Eltern eine Unterrichtsmitschau – „Tag der offenen Tür" – angeboten werden, um ihre Kinder einmal vor Ort und bei der Arbeit kennenzulernen. Vieles werden Eltern besser verstehen, wenn sie die aktuelle Unterrichtssituation erleben können.

Erfahrungsgemäß sind Eltern leicht als echte Partner zu gewinnen und damit bereit, sich zu engagieren, was für die Wochen-/Tagesplanarbeit bzw. für die Freie Arbeit nicht zu unterschätzende Vorteile bietet.
Eltern können an der Erstellung von Arbeitsmitteln oder bei Maßnahmen der Klassenzimmergestaltung beteiligt werden und sind in der Regel auch gerne hierzu bereit. Gleichzeitig lernt man sich gegenseitig besser als Partner in Sachen Erziehung kennen.
Gelingt dies alles, so kann Schule zu dem werden, was Ilse Lichtenstein-Rother fordert, nämlich zu einem Ort, „der nicht nur Ziele und Inhalte für das Lernen setzt, sondern die Lernfähigkeit der Kinder in Obhut nimmt, die Motivation für das Lernen in Gang hält und laufend erneuert sowie die Übertragbarkeit des Gelernten auf das Leben ständig im Auge behält, indem sie sich als Lebensstätte für Kinder versteht und den Zusammenhang schulischen Lernens mit den Erfahrungen und der Lebenssituation der Kinder wahrt" (Lichtenstein-Rother, in: Herbert/Meiers, 1981, S. 6).

Literatur

Hartmann, H.-D.: Wann machen wir „freie Arbeit"? Bremen 1988 (2)

Hauptmann, H./Schubert, R.: Freie Aktivitäten in ihrer Bedeutung für eine Erziehung zur Selbstständigkeit. In: unterrichten und erziehen 2/1989

Herbert, M./Meiers, K.: Leben und Lernen im ersten Schuljahr. Stuttgart 1981 (2)

Huschke, P.: Wochenplanunterricht. Weinheim/Basel 1984 (2)

ISB: Gemeinsames und individuelles Lernen in der Grundschule. Donauwörth 1990

Kasper, H. (Hg): Vom Klassenzimmer zur Lernumgebung. Ulm 1979

Kasper H./Meier, I.: Lernstudios zur Einzelförderung. In: Kasper, H.: a.a.O., S. 199

Kayser, A./Schäkel, L.: Kinder und Lehrer lernen: Freie Arbeit. Bielefeld 1983

Krahl, G.: Die Kinder nehmen sich und ihre Arbeit ernst. In: Grundschule 5/1989

Ramseger, J./Seeliger-Mühl, H.: Individualisierung, Freie Arbeit und Wochenplanunterricht. Münster 1987

Schmitt, H.: Jedem das Seine – allen das Grundlegende. In: Pädagogische Welt 9/1986

ders.: Lern- und Lebensraum Klassenzimmer. In: Pädagogische Welt 7/1987

ders.: Erfahrungen durch Freiarbeit. In: Pädagogische Welt 3/1991

ders.: Arbeit mit Freien Texten. Regensburg 1991 (Handbuch u. Kartei)

Schwarz, H.: Einstieg in offenen Unterricht. In: Grundschulzeitschrift: Öffnung der Schule, Sonderheft 1989

Wenzel, A.: Freiarbeit in der Grundschule. Bad Heilbrunn 1983

CHRISTIANE SCHLOMS

Freie Arbeit mit dem Wochenplan

Innerhalb der schulpädagogischen Diskussion über die Öffnung des Unterrichts stehen Begriffe wie „Freie Arbeit", „Freie Aktivitäten", „Offener Unterricht", „Wochenplan-Unterricht", „Themenbezogene Freiarbeit" und „Freie Übungsstunden" hoch im Kurs. In all diesen unterrichtlichen Formen wird der Selbständigkeit und der Selbsttätigkeit des Kindes ein breiter Raum gewährt und „das Kind selbst wird in die Planung und Steuerung des eigenen Lernens"[1] einbezogen. Dabei lassen sich unterschiedliche Akzentuierungen von „frei" feststellen. Diese gehen von völliger Freiheit, bei der die Entscheidung für bestimmte Tätigkeiten ganz in das Ermessen des Kindes gestellt wird und dabei keinerlei Bindung an den Lehrplan oder Lehrgang erfolgt, bis hin zur „Freien Übungsstunde", in der fachgebunden und selbständig Pflichtaufgaben erledigt werden, um ein vorgegebenes Lernpensum für alle Schüler sicherzustellen. Diese didaktischen Formen können als Unterrichtsprinzip oder als Ergänzung zum Regelunterricht betrachtet werden.[2] Von der Organisation her kann sich Freie Arbeit auf eine Unterrichtsstunde pro Woche erstrecken oder einen festen zeitlichen Platz im Tagesablauf einnehmen.

1. Erzieherische Bedeutung Freier Arbeit

Erziehung in der Schule bezieht sich auf das einzelne Kind in seiner Gemeinschaft. Schulische Situationen, in denen sich Lernen und Erziehen vollziehen, müssen ihm die Möglichkeit geben, sich selbst als Einzelperson mit seinen individuellen Möglichkeiten, seinem Entwicklungsstand, seiner Lebensgeschichte, seinen Schwierigkeiten und seiner Eigenart erfahren und verwirklichen zu können. Dieser Erfahrungsraum ist eingebettet in die schulische Klassengemeinschaft, die gemeinsames Lernen und Handeln ermöglicht. Das bedeutet, individuelle Stärken, Möglichkeiten, Interessen und die eigene Leistungsfähigkeit in den Dienst dieser Gemeinschaft zu stellen, die wiederum jedes Kind in seiner Individualität, mit seinen Stärken und Schwächen annimmt und als einen Teil dieser Gemeinschaft akzeptiert.

Für den Lehrer bedingt dies eine Differenzierung und Individualisierung seines Unterrichts in vielfältigster Weise, um jedem Kind mit seinen individuellen Voraussetzungen und Schwierigkeiten gerecht werden zu können. „Gerade die Freie Arbeit bietet dem Kind ein Erprobungsfeld, sich selbst Ziele zu setzen, selbständig zu arbeiten, das Ergebnis der Arbeit, den Erfolg sinnvoll zu erleben und zu nutzen."[3] Von den Regelungen und Bindungen her ist Freie Arbeit zwar schulisch definiert, was aber die angebotenen Möglichkeiten betrifft, „korrespondiert sie in einer für das Kind erfahrbaren Weise mit dem außerschulischen Leben".[4] Die Planung des Lehrers bestimmt durch die Form der Freien Arbeit und durch die Vorstrukturierung der Situation (Materialien, Arbeitsmittel, zeitliche Festlegung) die erzieherische Intention.

2. Bedingungen für Freie Arbeit

2.1 Lehrer

Mit der Einstellung des Lehrers steht und fällt der Erfolg und die Effektivität Freier Arbeit. Er muß sich mit dieser Arbeitsform identifizieren und sie voll akzeptieren. Steht er selbst nicht überzeugt und engagiert dahinter, wird er bei eventuell anfangs auftretenden Schwierigkeiten nicht das nötige Durchhaltevermögen aufbringen. Die innere Überzeugung von Freier Arbeit erleichtert es, auch möglichen äußeren Anfechtungen trotzen zu können und nicht den risikoarmen „Frontalweg" für ein ruhiges Lehrerleben einzuschlagen.[5]

Die Vorstrukturierung der Situation durch entsprechende Einrichtung und Bereitstellung von didaktischen Medien ist im Vorfeld die Hauptaufgabe des Lehrers. Er wählt die den Fachbereichen entsprechenden Inhalte und Themen aus und stellt das Material bereit. Nach einer Eingewöhnungszeit können die Schüler in die Auswahl der Themen und Inhalte immer mehr einbezogen werden.

Während der Arbeitsphasen ist sein führendes Handeln weitgehend zurückgenommen; er ist mehr der Arrangeur und Beobachter von Arbeits- und Lernprozessen und versteht sich als Berater, Impulsgeber und Kommunikationspartner. Die Aufgabe des Lehrers ist es, zu erkennen, wo seine Hilfe gebraucht wird, „wo er als Lernberater oder Mitlerner gefragt ist",[6] wo er durch vorsichtige Impulse aus Sackgassen herausführen und weiterhelfen kann. „Nicht-direktive Beratung, immer zur Verfügung stehen, ein Stück weit zu helfen, sich dann zurückzuziehen, behutsam in eine

Reflexion über das Realisierte hineinzuziehen – das sind Verhaltensangebote, die vom Lehrer gefordert werden."[7]
Der Lehrer leitet die Kinder zum Durchhalten begonnener Arbeiten an und sorgt dafür, daß diese zum Abschluß gebracht werden. Gerade Phasen Freier Arbeit bieten dem Lehrer die Chance, das einzelne Kind genau kennenzulernen; seine Interessen und Abneigungen, seine Vorzüge und Schwächen, seine soziale Stellung innerhalb der Klasse. Erst durch eine kontinuierliche, gezielte, ganzheitliche und kriterienorientierte Beobachtung kann Lernhilfe im richtigen Augenblick und zum richtigen Zeitpunkt eingesetzt werden.

2.2 Schüler

Allgemeine und grundlegende Verhaltensregeln, die ihre Gültigkeit innerhalb jeder Form von Unterricht besitzen, sind Voraussetzung für Freie Arbeit. Ihre Notwendigkeit innerhalb der Arbeitsphasen muß für die Kinder direkt erfahrbar und immer wieder eingeübt werden. Diese Regeln sollen von den Schülern selbst gefunden und formuliert werden: leise im Raum bewegen, mit anderen gemeinsam arbeiten usw.
Verschiedene Arbeitstechniken und -fertigkeiten müssen die Schüler beherrschen, um diese als Element selbsttätiger Arbeit einsetzen zu können. Während der Freien Arbeit benötigt das Kind für die Bewältigung verschiedener Aufgabenstellungen und Lernsituationen ein Repertoire von Fertigkeiten. Diese Fertigkeiten sind kein Selbstzweck, sondern sind als Könnensfunktionen Voraussetzung für selbständiges Lernen und somit für Selbständigkeit. A. Wenzel weist auf drei Fertigkeitsgruppen hin:[8] *intellektuelle Fertigkeiten – soziale Fertigkeiten – technische Fertigkeiten.*
In Phasen der Freien Arbeit kann das Kind benötigte Fertigkeiten für die Bewältigung verschiedener Situationen anwenden und festigen oder in einem natürlichen Lernprozeß neu erwerben.

2.3 Klassenzimmer

Die Ausstattung des Klassenzimmers ist entscheidend „für ein sinnvolles Nutzen der freigestellten Zeit".[9] Ein Raum ist gefragt, der als eine Aktivitäten anregende Umgebung ausgestattet ist und vielseitige Nutzungsmöglichkeiten enthält.[10] Er soll in funktionsdifferenzierte Bereiche wie Lese-, Spiele-, Informations-, Ausstellungs-, Bastel- und Malecken aufgegliedert sein. Eine solche Aufteilung läßt sich auch ohne großen finanziellen

Aufwand mit zusätzlichen Bänken bewerkstelligen. Die Strukturierung des Raumes braucht nicht von Anfang an all diese Bereiche aufzuweisen; sie ergibt sich im Laufe der Zeit zusammen mit den Kindern und entsprechend ihren Bedürfnissen. Ein Klassenraum mit mehreren Funktionen ist nie fertig! „Er wächst und verändert sich ständig, indem er sich der Entwicklung der Kinder und den wechselnden Unterichtsanforderungen anpaßt."[11]

2.4 Feste verfügbare Zeiten

In der Praxis hat sich das Nutzen der Viertelstunde vor Unterrichtsanfang als Beginn der Freien Arbeit bewährt, wo den Kindern ein „Hineingleiten" in den Schultag ermöglicht wird und ihnen dann noch zusätzliche Zeit gewährt wird. Es kann aber auch jeder andere Zeitpunkt während des Schulvormittags gewählt werden, je nachdem, welchen der Lehrer in seiner Situation für geeigneter hält. Wichtig ist nur ein regelmäßig wiederkehrender, vereinbarter Zeitraum, damit sich das Kind darauf einstellen kann. Nur wenn es weiß und erlebt hat, wieviel Zeit ihm zur Verfügung steht, wird es zunehmend bewußter mit dieser Arbeitszeit umgehen. So lernt es schrittweise, innerhalb der verfügbaren Zeit eine Arbeit so zu planen und durchzuführen, daß selbstgestellte Ziele auch erreicht werden.

2.5 Materialien

Geeignete Lern- und Arbeitsmittel bilden eine wesentliche Voraussetzung für ein effektives Arbeiten. Die zur Verfügung gestellten Medien und Materialien beziehen sich vorrangig auf das Lernen im Unterricht und enthalten Übungsmöglichkeiten, die auf Lehrgänge bezogen sind. Somit ermöglichen sie ein lehrplanorientiertes, aber auch individuelles Arbeiten. Ebenso werden Angebote zum spielerischen, kreativen, konstruktiven und problemlösenden Arbeiten zur Verfügung gestellt.
Im Sinne des Reformpädagogen Peter Petersen sollen die Arbeitsmittel so beschaffen sein, daß sie mit eindeutiger „didaktischer Absicht geladen" sind, „damit sich das Kind frei und selbständig dadurch bilden kann."[12]
Gerade das Ermöglichen von selbständigem Lernen und Arbeiten ohne Hilfe des Lehrers, mit der Möglichkeit der Selbstkontrolle, ist ein wichtiges Kriterium, welches Materialien erfüllen müssen.
Darüber hinaus sollen die zur Verfügung gestellten Materialien aber auch folgenden Kriterien genügen:

– Denkprozesse anregen,
– unterschiedliche Schwierigkeitsgrade aufweisen,
– den unterschiedlichen Lerntypen und Wahrnehmungsformen entgegenkommen,
– hohen Aufforderungscharakter haben,
– sowohl Einzelarbeit als auch Arbeiten in Sozialgruppen ermöglichen,
– übersichtliche Darbietung, um eine schnelle Auswahl zu erleichtern,
– in für Kinder einsichtigen Ordnungsformen aufbewahrt werden, um ein
  problemloses Zurücklegen und einen erneuten Zugriff auch für andere
  zu ermöglichen,
– möglichst stabil und haltbar sein.[13]

Es geht nicht um eine Überladung der Kinder mit Materialien, sondern
um ein wohl durchdachtes, der jeweiligen Situation angepaßtes, sich
ständig wandelndes und entwickelndes wohldosiertes Angebot. Deshalb
sollen auch Medien, die den wachsenden inhaltlichen Anforderungen der
Kinder nicht mehr entsprechen, aussortiert werden.

3. Einführung in die Freie Arbeit

Obwohl die oben genannten Voraussetzungen bei einer ersten Klasse zum Zeitpunkt der Einschulung kaum oder nur ansatzweise vorhanden sind, kann schon in der ersten Schulwoche mit Freier Arbeit begonnen werden. Das Freispiel aus der vorschulischen Erziehung eignet sich hierfür besonders, denn dort wurden bereits wichtige Grundlagen vermittelt wie

– ein begrenztes Spielangebot nutzen,
– bei begrenztem Spielangebot Kompromisse schließen,
– gegenseitig Rücksicht nehmen,
– die Notwendigkeit von Ordnungsregeln erkennen,
– miteinander kooperieren,
– dem Schwächeren Hilfestellungen geben.

Wenn die Kinder dieses Neben-, Mit- und Füreinander-Tätigsein in ihrem neuen sozialen Umfeld eingeübt und schon einfache Arbeitstechniken kennengelernt haben, wird das reine Spielmaterial im Laufe der Zeit durch Lern- und Arbeitsmaterial ergänzt und immer mehr ersetzt. Aus dem Freispiel entwickelt sich so die Freie Arbeit. Freie Arbeit beinhaltet zwar immer noch spielerische Tätigkeiten, jedoch muß unter dem Aspekt der Arbeit die Forderung nach der Fertigstellung eines Werkes stehen, was zugleich auf den Unterschied zwischen Freispiel und Freier Arbeit hinweist.[14] Die Überleitung zur Freien Arbeit bezieht dann sowohl den Aufbau einer Arbeitshaltung als auch die Vermittlung von Arbeitstechniken mit ein. Die Arbeitshaltung entfaltet sich nicht nur am Werk des Kindes, sondern vor allem durch die vom Kind bewußt angestrebte Leistung und Zielsetzung seines Tätigseins. Das Fertigstellen und Abschließen einer Arbeit, die auf eigene Initiative zustande gekommen ist, leistet einen Beitrag zur Stärkung des Selbstvertrauens in das eigene Können.

Die Kinder dokumentieren ihre täglichen Aktivitäten in einem eigens dafür vorgesehenen Heft und sammeln fertiggestellte Arbeiten in einer eigenen Mappe. Es liegt im Ermessen des Lehrers, ob er das Einhalten dieser Vorgabe während der Arbeitsphasen selbst steuert oder im Heft und/oder der Mappe des einzelnen Kindes nachvollzieht oder kontrolliert, da es für die Kinder wichtig ist, das Einhalten aufgestellter Prämissen zu lernen.

Wird Freie Arbeit in Form der Wochenplanarbeit realisiert, kann nach vier bis fünf Schulwochen ein Wochenarbeitsplan eingesetzt werden. Der Plan enthält die aus dem Unterricht bereits bekannten Zeichen und Ar-

Beispiel 1

Freie Arbeit vom____bis____

Wochenplan von ____

Das sollst du diese Woche schaffen:

erledigt

1.  🍎 ⟨mm⟩ ⟨Mm⟩ ☐

2.  🍎 🌳 ✏ Lesen und schreiben ☐

3.  ✂ 🖊 basteln ☐

▲ Domino (Mathe) ☐
⊞ ⊞ Stempel ☐
🐟◁ Spiel ☐
____ ☐
____ ☐

beitsmaterialien. Neu ist das Arbeiten mit dem und das Eintragen in den Plan, das beim ersten Mal gemeinsam ausgeführt wird. Er enthält bereits verpflichtende Aufgaben, die in einer Woche bewältigt werden sollen, und Angebote für zusätzliche Übungen und Spiele. Da jedes Kind seinen eigenen Wochenplan hat, kann es für sich selbst notieren, welche Aufgaben es bereits erledigt hat.

Wird Freie Arbeit ab der zweiten Klasse oder einem späteren Zeitpunkt eingeführt, hat es sich in der Praxis bewährt, mit Freien Übungsstunden[15] einzusteigen. Die Fächer Deutsch und Mathematik eignen sich hierfür besonders. Verschiedene Arbeitsmaterialien, die den Anforderungen für Freie Arbeit entsprechen, werden zu einem oder zwei Themen für eine Übungsstunde zur Verfügung gestellt. Die Schüler suchen sich aus dem Angebot ihre Arbeit selbst aus und wählen die ihnen entsprechende Sozialform. Einzige Vorgabe des Lehrers ist, erst dann mit einer neuen Arbeit zu beginnen, wenn die vorherige abgeschlossen ist. Diese Übungsstunde endet mit einem Gesprächskreis, in dem die eigene Arbeit vorgestellt, Arbeitsergebnisse eingebracht und eigene Arbeitserfahrungen den anderen mitgeteilt werden.

Diese freie und schülerzentrierte Übungsform kann sich dann bei gleichem Materialangebot auf zwei und drei Unterrichtsstunden pro Woche ausweiten und so schrittweise in die Freie Arbeit einmünden.

4. Die Arbeit mit dem Wochenplan

Die Realisierung Freier Arbeit in Form eines Wochenplans bietet den Vorteil, die Arbeit der Kinder enger am Lehrplan auszurichten, an den einzelnen Lehrgang anzuschließen und so in das unterrichtliche Lernen einzubinden.

Zu Beginn der Woche bekommt jedes Kind den schriftlichen Plan. Dieser Plan ist aufgeteilt in verbindliche Pflichtaufgaben, die von allen Schülern erledigt werden sollen. Darüber hinaus enthält er einen persönlichen Freiraum, über den unterschiedlich frei verfügt werden kann, was dann auch von den Kindern im Arbeitsplan dokumentiert wird. Da alle Kinder ein grundlegendes Stoffpensum erreichen sollen, ermöglichen Pflichtaufgaben ein Einbinden verschiedener lehrgangsbezogener Übungsformen in die Freie Arbeit. Bei besonders leistungsschwachen Schülern empfiehlt es sich, die Anforderungen hinsichtlich der Pflichtaufgaben zu reduzieren. Jedes Kind erhält seinen Plan, in dem es während der Woche seine

Arbeiten protokolliert. So lernt es von Anfang an, sich selbst gegenüber Rechenschaft über die zur Verfügung gestellte Zeit abzulegen und das eigene Arbeitstempo besser einzuschätzen. Die vorgeschlagenen Arbeiten für die Woche können auch in Form eines großformatigen Planes im Klassenzimmer oder als Tafelanschrift für alle präsentiert werden. Die täglichen Arbeiten trägt dann jedes Kind in ein dafür vorgesehenes Heft ein. In der Praxis hat sich jedoch der eigene Plan für jedes Kind als vorteilhafter erwiesen.

Nachfolgend werden verschiedene Varianten von Wochenplänen vorgestellt:

4.1 Geschlossener Wochenplan

Er enthält nur vorgegebene Pflichtaufgaben, die erfüllt werden sollen. Eine Beteiligung der Kinder an den Themen ist nicht möglich, auch werden ihre Interessen und Neigungen kaum berücksichtigt. Alle sollen in der vorgegebenen Zeit ein gleiches Pensum schaffen. Frei ist die Auswahl der Reihenfolge der Arbeiten und die jeweilige Sozialform. Eine differenzierte Hilfestellung und Zuwendung des Lehrers ist möglich.

4.2 Differenzierter Wochenplan

Der Plan enthält sowohl für alle verbindliche Arbeiten und Aufgaben (Pflichtaufgaben) als auch Freiräume für eigene Interessen und Neigungen (Zusatzaufgaben). Die Kinder können von Anfang an bei der Erstellung des Planes beteiligt werden. Die abgebildeten Beispiele von Wochenarbeitsplänen weisen Unterschiede hinsichtlich der Offenheit und Gewährung von Freiraum auf.

Beispiel 1

Dieser Plan enthält für alle verbindliche Pflichtaufgaben, die vom zeitlichen Umfang so angelegt sind, daß ein durchschnittlicher Schüler für deren Erledigung die Hälfte der zur Verfügung stehenden Zeit benötigt. Für die restliche Zeit gibt der Lehrer eine Auswahl vor, wobei sich die Kinder aber auch selbst Aufgaben aussuchen können.

Beispiel 2

Hier werden neben den Pflichtaufgaben keine Vorschläge für die Gestaltung des Freiraums gegeben. Es bleibt den Kindern genügend Zeit für

Beispiel 2

Freie Arbeit vom___bis___

Wochenplan von _____

Das sollst du diese Woche schaffen:

(1.) **Deutsch:** □

AB mit Monatsnamen.

Tip: Zuerst das Wort nachspuren,
dann erst schreiben!

(2.) **Mathe:** □

▶ Rechenpyramide in den Käferschachteln.
▶ Rechne die 10 schwierigsten Aufgaben in
deinem Arbeitsheft!

(3.) **Kunsterziehung:** □

Decke für deinen Elefanten (mit Pinseldruck) gestalten.

selbst gewählte Tätigkeiten und Interessen. Wie fruchtbar dieser Freiraum genutzt wird, hängt entscheidend von der motivierenden Qualität und Quantität der bereitgestellten Medien ab. Über die Nutzung dieses Freiraums legen die Schüler in ihrem Plan Rechenschaft ab.

Beispiel 3

Bei den Pflichtaufgaben zu den einzelnen Fächern werden jeweils Wahlangebote gemacht. Die Angebote eines Faches sind inhaltlich gleich. Unterschiede zeigen sich bezüglich der inhaltlichen Darbietung und der Arbeitsweise (als Arbeitsblatt oder -karte, oder in mehr spielerischer Form wie Puzzle, Domino usw.). Ebenso werden Aufgaben mit unterschiedlichem Niveau hinsichtlich des Schwierigkeitsgrades angeboten, wie auch die unterschiedlichen Lerntypen (primär visuell, primär auditiv, primär haptisch, primär kognitiv – verbal oder primär im Gespräch lernend) berücksichtigt werden.

Die Nutzung des verbleibenden Freiraums bleibt analog dem zweiten Beispiel den Kindern zur freien Verfügung vorbehalten.

4.3 Offener Wochenplan

Diese Form, gleichgültig ob die Lernbereiche wie im abgebildeten Beispiel noch aufgeführt sind oder nicht, stellt an die Kinder hohe Ansprüche. Sie haben völlig selbständig oder in Absprache mit anderen Aufgaben und Aktivitäten zu finden und sich angesichts der angebotenen Materialien selbst für mehrere zu entscheiden. Die zur Verfügung stehende Arbeitszeit soll hier nicht nur für ein Vorhaben überschaut und kalkuliert werden, sondern es sollen bereits zu Wochenbeginn sämtliche in der anstehenden Woche vorgesehenen Aktivitäten geplant werden.

Diese Art des Wochenarbeitsplanes ist nur für Kinder geeignet, die den oben aufgeführten Anforderungen bereits entsprechen und Freie Arbeit gewohnt sind. Schwächere Kinder und Kinder mit geringem eigenen Zutrauen können sehr leicht die Orientierung und Übersicht verlieren. Sie sind bezüglich ihrer Auswahl-, Entscheidungs- und Entschlußfähigkeit überfordert. Darüber hinaus benötigt der Entscheidungsprozeß oftmals zu viel Zeit und verunsichert nur.

Eine Variante der eben dargestellten Form ist der offene Wochenplan ohne Vorplanung. Hier werden den Kindern verschiedene Medien und Tätigkeiten angeboten, wobei sie ohne Einschränkung über ihre Zeit verfügen können. Eine Vorgabe kann sein: Jede Woche müssen eine

Beispiel 3

<u>Freie Arbeit</u> vom ___ bis ___

<u>Wochenplan</u> von _____

<u>Das</u> <u>sollst</u> du diese Woche schaffen:

(1.) <u>Mathe:</u>
  ▶ *Suche dir 2 Aufgaben heraus!*
    1. Häuschen-Spiel ☐
    2. Mathekarten: Plusaufgaben über den Zehner ☐
    3. Mathe-Puzzle ☐

(2.) <u>Deutsch</u>: <u>*Partnerdiktat*</u> *der neuen Nachschrift* ☐

(3.) <u>Deutsch</u>: *Sprachbetrachtung*
  ▶ *Suche dir 2 Aufgaben heraus!*
    1. August-Schachtel ☐
    2. Wähle dir eine gelbe Arbeitskarte aus! ☐
    3. Puzzle: Welches Wiewort paßt? ☐

(4.) <u>*Heimat - und Sachkunde:*</u>
  ▶ *Suche dir 1 Spiel aus!*
    1. ☺ Gesicht-Spiel „Das Jahr" ☐
    2. Kartenspiel „Die 4 Jahreszeiten" ☐

_____ ☐ | _____ ☐

→

Freie Arbeit vom____bis____

Wochenplan von _____

Das nehme ich mir vor

Mathe		☐
Rechtschr.		☐
Sprachbetr.		☐
Aufsatz		☐
Lesen		☐
Malen		☐
Basteln		☐
		☐
		☐
		☐

Tätigkeit aus dem Bereich Mathematik und eine/zwei aus dem Bereich Deutsch gewählt werden. Die Lenkung und Steuerung der Aktivitäten erfolgt durch die Person des Lehrers.

5. Struktur der Wochenplanarbeit

Die Wochenplanarbeit gliedert sich bei deren Einführung in fünf Phasen:

● *Vorstellung*

Der neue Wochenarbeitsplan wird vorgestellt und gemeinsam durchgesprochen. Die Aufgaben werden erklärt, die Arbeitsmaterialien vorgestellt und evtl. auf verschiedene Lösungsstrategien hingewiesen.

● *Orientierung und Aussuchen*

Das Materialangebot wird durchgesehen. Die Schüler suchen sich ihre Arbeit aus und richten die dafür erforderlichen Arbeitsmittel bereit. Soziale Gruppierungen bilden sich.

● *Selbständige Arbeit*

Die Kinder arbeiten selbständig allein oder in der gewählten Sozialform. Bei fertiggestellten Arbeiten schließt sich die Ergebniskontrolle an. Der Lehrer übernimmt Beraterfunktion und gibt individuelle Hilfestellung.

● *Aufräumen*

Ein vereinbartes Zeichen kündigt das Ende der Arbeitsphase an. Die erledigten Tätigkeiten werden im Plan gekennzeichnet, zusätzliche Aktivitäten eingetragen und die Materialien aufgeräumt.

● *Abschlußbesprechung*

Im Erzählkreis zeigen je nach Altersstufe alle Kinder ihre Ergebnisse vor oder nur einige Kinder, die für sie selbst individuell besondere Leistungen erbracht haben. Sie berichten, was sie gemacht haben, wie weit sie kamen, ob es Spaß gemacht hat, ob es schwierig war und auch, wie sie weiterarbeiten wollen.

In der Fachliteratur wird die fünfte Phase kaum erwähnt.[16] Die bisherigen Erfahrungen sprechen ihr einen stark motivationsfördernden Charakter zu. Die Kinder erfahren, was die anderen bewerkstelligt haben, sehen fertige Arbeiten und werden dadurch zur Nacharbeit angeregt. Ist der Wochenarbeitsplan eingeführt, entfällt die erste Phase und die Kinder beginnen gleich mit ihrer eigenen Arbeit.

6. Umgang mit Problemkindern

Nicht allen Kindern fällt Freie Arbeit leicht. Die heutigen Sozialisationsbedingungen tragen nicht selten Schuld daran, daß manche Kinder von sich aus kaum eigene Aktivitäten entwickeln. Solche Kinder neigen dazu, monoton oder überhaupt nicht zu arbeiten, versuchen ihr diesbezügliches Unvermögen durch Ablenken oder Stören anderer Kinder, durch „Herumalbern" oder gar durch Angriffe auf deren Arbeiten zu überspielen. Als hilfreich haben sich für diese Kinder folgende Maßnahmen bewährt:

- zuerst Freispiel ermöglichen (Freiheit gebrauchen lernen);
- mit ihnen zusammen andere Kinder bei der Arbeit „besuchen" und beobachten (Sicherheit geben);
- ihre Aktivitäten mit Hilfe des Lehrers planen und beginnen (Freiraum abgrenzen und gliedern);
- durch die Integration in eine Kleingruppe sie zu anderen Tätigkeiten motivieren (Hilfestellung durch Partner);
- dem Kind eine eigene Aufgabe übertragen (Bedeutung der eigenen Person erleben);
- mit dem Kind eine Abmachung treffen; „Geheimvertrag" nur mit ihm abschließen, z. B.: Kannst du eine Minute lang allein dieses Puzzle machen? Das kannst du doch sicher (Positive Erwartung – Anspruch an sich selbst aufbauen);
- mit diesen Kindern allein und mit der Klasse gemeinsam über das gezeigte Verhalten sprechen, „um gegen Blockierungen angehen zu können und beim Kind Verstehen seiner selbst und Verständnis durch die anderen zu ermöglichen"[17] (sich selbst akzeptieren).

7. Elterninformation

Da Teilen der Elternschaft Freie Arbeit kein geläufiger Begriff ist und Kinder häufig diese Arbeitsform als eine Zeit darstellen, in der sie „machen dürfen, was sie wollen", empfiehlt es sich, die Eltern in Form eines Elternabends darüber zu informieren. Den Eltern sollen Sinn, Zweck und Vorteile dieser differenzierenden und offenen Unterrichtsform erklärt und Verständnis dafür geweckt werden. Ebenso sollte ihnen das veränderte Lehrer- und Schülerverhalten erläutert werden. Als günstigster Zeitpunkt bieten sich drei bis vier Wochen nach der Einführung der Freien Arbeit an. Dann haben Eltern über Freie Arbeit schon etwas, wenn auch aus einer speziellen Sicht heraus, von ihren Kindern erfahren. Eine Ausstellung von Wochenarbeitsplänen und Arbeitsergebnissen hat sich bei diesen Elternabenden als sinnvoll erwiesen. Dias über Szenen während der Freien Arbeit dienen dabei zur Veranschaulichung und Konkretisierung.

8. Ausblick

Für welche Form der Freien Arbeit sich ein Lehrer letztendlich entscheidet bzw. wie er sie abwandelt und für seine Klasse modifiziert, muß jeder in pädagogischer Eigenverantwortung für sich und für die ihm anvertrauten Kinder, seine Klasse, selbst entscheiden. Freie Arbeit dient den Kindern und ist kein Selbstzweck. Jeder muß die Form finden, die für die Kinder seiner Klasse geeignet und richtig ist, die ihren Voraussetzungen, Bedürfnissen, Neigungen, Verhaltensweisen und Interessen entspricht und auch seinen eigenen Arbeitsanforderungen gerecht werden kann. Falsch ist hierbei die Einstellung „das ist mir zu viel", „dies ist nur etwas für Lehrer, die für ihre Schule leben". Erforderlich ist ein „Hineinwagen und Anfangen" entsprechend den eigenen Voraussetzungen und Möglichkeiten des einbringbaren eigenen Arbeitspensums.

Erfolg und Effizienz jeder Form Freier Arbeit hängen entscheidend von Engagement, Einstellung und Einsatzbereitschaft des Lehrers ab. „Belohnt" wird der Lehrer auf jeden Fall durch Kinder, die in jeder Unterrichtsform und gleich welcher Sozialform ein selbständiges und auch selbstbewußtes Lern- und Arbeitsverhalten zeigen und neuen Lerninhalten aufgeschlossen und motiviert gegenüberstehen.

Anmerkungen

1 Hauptmann, H./Schubert, R.: Freie Aktivitäten in ihrer Bedeutung für eine Erziehung zur Selbständigkeit. In: unterrichten & erziehen 2/1989, S. 8

2 Gerr, H.: Offener Unterricht. In: Grundschulmagazin 7–8/1989, S. 4

3 Röbe, H. J.: Freie Arbeit als eine Möglichkeit, einen pädagogisch begründeten Differenzierungsbegriff zu realisieren. In: Pädagogische Welt 8/1983, S. 493

4 Lichtenstein-Rother, I./Röbe, E.: Grundschule. Der pädagogische Raum für Grundlegung der Bildung. München 1982, S. 82

5 Vgl.: Breslauer, K.: Freie Aktivitäten: Hobby einzelner Lehrer oder echte Chancen für die Schüler? In: unterrichen & erziehen 2/1989, S. 57

6 Hauptmann, H./Schubert, R.: a.a.O., S. 12

7 Bönsch, M.: Zur Didaktik des freien Arbeitens. In: Die Grundschule 1/1978, S. 15

8 Vgl.: Darstellung der Fertigkeitsgruppen nach Achill Wenzel bei: Hauptmann, H./Schubert, R.: a.a.O., S. 10 ff.

9 Lichtenstein-Rother, I.: Jedem Kind seine Chance. Freiburg 1980, S. 129

10 Vgl.: Kaspar, H.: Vom Klassenzimmer zur Lernumgebung. Ulm 1979, S. 23 ff.

11 Breuer, G.: Freie Arbeit im 1. und 2. Schuljahr. München 1989, S. 23

12 Petersen, P.: Führungslehre des Unterrichts. 5. Aufl., Weinheim 1955, S. 182

13 Vgl.: Miederer, G.: Geeignete Lern- und Arbeitsmittel – eine wesentliche Voraussetzung für effektives Arbeiten in den Phasen freier Aktivitäten. In: unterrichten & erziehen 2/1989

14 Das Fertigstellen und Beenden jeder angefangenen Arbeit ist ein wichtiger Faktor, den M. Montessori für die Freie Arbeit fordert. Vgl.: Fürnstahl, G.: Freiarbeit – Lernen mit Kopf, Herz und Hand. In: Erziehung und Unterricht Nr. 1–10/1990, S. 285 ff.

15 Vgl.: Bauer, E.-V./Brucher, C.: Grundschul-Tagebuch. Frankfurt am Main 1982, S. 47 ff.

16 Bei B. Scheel z. B. wird mit der Aufräumphase abgeschlossen. Vgl.: Scheel, B.: Offener Grundschulunterricht – Schülerorientierter Unterricht mit freier Arbeit und Wochenplan. Weinheim/Basel 1978, S. 58 ff.

17 Wenzel, A.: Freiarbeit in der Grundschule. Bad Heilbrunn 1983, S. 54

Der vorstehende Beitrag wurde in teilweise veränderter Form unter dem Titel „Freie Arbeit" zuerst veröffentlicht in: paed 1/1990, S. 1–5

SIGRID BAIRLEIN

Freies Arbeiten – Wie steige ich ein?

In der Schule gewinnen offene Lernsituationen zunehmend an Bedeutung. Für viele Kollegen gehören diese bereits zum festen Bestandteil ihres Unterrichts, andere zögern mit der Einführung. Das vorwiegende Problem lautet: Wie fange ich mit der Freien Arbeit an? Bevor mit dem Einstieg begonnen wird, sollten persönlich folgende Fragen geklärt sein:

– Bin ich innerlich von dieser Unterrichtsform überzeugt, oder folge ich nur einem Modetrend?
– Habe ich genug theoretisches Wissen, um etwaigen Kritikern (Eltern, Kollegen, Schulleiter...) fundiert Rede und Antwort stehen zu können?
– Bringe ich die Geduld auf, um Anfangsschwierigkeiten zu überwinden?
– Sind meine Schüler in der Lage, grundlegende Bedingungen für Freie Arbeit einzuhalten (Rücksichtnahme, Kooperation, Kommunikation, Arbeit nach Anleitung, Selbstkontrolle, Nachschlagetechniken etc...)?
– Wann und wie beginne ich mit der Freien Arbeit? Welche Voraussetzungen müssen geschaffen werden?
– Wie ist die Einstellung der Kollegen? Arbeiten diese bereits in ähnlicher Weise oder bin ich alleiniger „Vorreiter"?

Der Einstieg in diese Unterrichtsform gestaltet sich leichter, wenn an der Schule Mitstreiter sind. Sofern dies nicht der Fall ist, haben sich nachfolgende Anregungen in der Praxis bewährt:

– Organisieren Sie eine pädagogische Konferenz zum Thema!
– Treffen Sie sich regelmäßig mit interessierten Kollegen in einer kleinen Arbeitsgruppe, und erstellen Sie zusammen Arbeitsmaterial!
– Halten Sie einen Informationsabend für die Eltern (evtl. auch für die Kollegen) ab!
– Suchen Sie mit gleichgesinnten Kollegen Arbeitsmaterial im Lehrmittelraum!
– Überlegen Sie gemeinsam im Kollegium, ob vom Schuletat Geld für die Anschaffung von Arbeitsmaterialien abgezweigt werden kann!

Angesichts der Bandbreite an Möglichkeiten des Einstiegs in offene Unterrichtsformen gibt es keine Ideallösung. Der Beginn der Freiarbeit in einer ersten Klasse verläuft anders als der in einer zweiten, dritten oder vierten Jahrgangsstufe.

Freies Arbeiten in der ersten Jahrgangsstufe

Schulanfänger sind vom Kindergarten an freie Arbeitsformen gewöhnt: „Freispiel", „Freispielzeit" oder „freie Beschäftigung", gekoppelt mit der „gezielten Beschäftigung".

Der Übergang zum Freispiel

Das Freispiel aus der vorschulischen Erziehung vermittelt bereits wichtige Grundlagen wie

- ein begrenztes Spielangebot nutzen,
- beim Spielangebot Kompromisse schließen,
- Rücksichtnahme,
- Regeln erkennen und anerkennen,
- miteinander kooperieren etc.

Diese Vorerfahrungen der Kinder sollten bei den vorbereitenden Arbeiten berücksichtigt werden:

- Gestaltung des Klassenzimmers: Einrichten verschiedener Aktivitätsecken
- Abtrennen der Ecken durch Regale oder Schränke
- Bereitstellen von Spiel- und Arbeitsmaterial
- Anbieten motivierender Sitzgelegenheiten (Couch, Teppiche, Teppichfliesen)
- Schaffen von Ausstellungsflächen (Filztafeln, Korktafeln, fahrbare kleine Tafeln, Fensterbänke, Regale ...)

Bereits am ersten Schultag sollten die Schüler (wieder) frei spielen können. Die Schüler finden sich in Gruppen zusammen und wählen ihr Spielmaterial frei aus. So hat der Lehrer die Möglichkeit, die sozialen Verhaltensweisen seiner neuen Schüler kennenzulernen.

In den weiteren Schultagen kann die Lehrkraft die Schüler vertieft im Freispiel beobachten. Sie lernt im freien Spiel ihre Schüler näher kennen, was ihr später bei der Freiarbeit zugute kommt. Mit den Schülern kann bereits jetzt ein akustisches Zeichen vereinbart werden, das Beginn und Ende der Freien Arbeit ankündigt. Im nachfolgenden Sitzkreis werden mögliche Fehlverhaltensweisen aufgegriffen und besprochen (unfaires Spielverhalten, zu lautes Sprechen, falsches Aufräumen etc.).

Tip:

Achten Sie darauf, daß der Erstklaßunterricht vorrangig ein tafelorientierter Unterricht ist. Gewöhnen Sie Ihre Schüler gleich von Anfang an daran, ihre Tische zu Gruppentischen zusammenzustellen und diese später wieder umzustellen, um die Sicht zur Tafel zu gewährleisten.

In den folgenden Tagen sollten für die Schüler täglich ca. 10 bis 15 Minuten freie Spielphasen eingeplant werden (akustische Zeichen beachten).

Bewährt hat sich, ein Bild von einem Kind, das zur Ruhe mahnt, im Klassenzimmer aufzuhängen, so daß die Lehrkraft in entsprechenden Situationen nur darauf zeigen muß. Jeden Morgen sollte im Klassenzimmer ein Gesprächskreis stattfinden. Hier wird, neben den üblichen Kennenlernspielen und dem Erzählen vom Vortag oder Wochenende, jeden Tag ein neues Spiel besprochen. Im Anschluß an die Besprechung und Durchführung des Spiels zeigt der Lehrer, woran zu erkennen ist, wie das Spiel aufgeräumt wird. Beispiel: Die Karten eines Rechendominos sind mit einem roten Punkt versehen und gehören deshalb in den Schrank mit dem roten Punkt, den Mathematikmaterialien. Nach einigen Wochen werden die Aktivitäten in die Arbeitsecken verlagert. Hier finden die Schüler weitere Spiele.

Erste Materialien

Die jetzige Freispielzeit unterscheidet sich vom anfänglichen Freispiel durch das Hinzufügen strukturierten Materials. Stellen Sie aber weder sich selbst noch die Schüler unter Erfolgszwang mit dem zu frühen Einsetzen eines Tages- oder gar eines Wochenplanes!

Kleinste Schritte am Anfang sind für den Erfolg freien Arbeitens wichtig. In den verschiedenen Arbeitsecken kann nur eine begrenzte Zahl von Schülern miteinander arbeiten. Damit vollzieht sich ein wichtiger Schritt zur gemeinsamen Arbeit. Freie Platzauswahl während des Freispiels, die freie Wahl des Partners oder einer Gruppe sollten jetzt eine Selbstverständlichkeit sein. Gelingt dieses Arbeiten in den verschiedenen Ecken, so kann das Aktivitätsangebot vergrößert werden: weitere „Ecken" werden geöffnet (Vorraum, evtl. Flur), aber: Je größer das Tätigkeitsfeld, desto schwieriger die Disziplin.

Geräuschpegel

Das Problem der Lautstärke betrifft nicht nur Schulanfänger, sondern alle Schüler, die mit dieser Unterrichtsform beginnen. Beim offenen Lernen wird viel gesprochen: in Gruppen, mit dem Partner, mit dem Lehrer, mit den Mitschülern.

Die Einsicht, daß im offenen Unterricht der Flüsterton notwendig ist, muß immer wieder im Erzählkreis begründet werden. Durch den bewußten Abbruch der Freien Arbeit bei zu hohem Lärmpegel spüren die Schüler bewußt, wie sehr sie die Freie Arbeit vermissen.

Das leise Sprechen kann durch folgende Übungen und Spiele angebahnt werden:

– Kinder vergleichen Marktgeschrei mit dem Flüsterton in einem Café. (Besprechen, welche Lautstärke als angenehm empfunden wird)
– Die Klasse sitzt im Kreis. Ein Schüler flüstert dem Nachbar den Vornamen eines Mitschülers ins Ohr. Der Name wandert bis zur betreffenden Person weiter, die dann aufsteht.
– Die Klasse teilt sich in zwei Gruppen. Beide Gruppen setzen sich kreisförmig; ein Schüler in jedem Kreis flüstert dem rechten Nachbar einen Satz ins Ohr. Der Satz wandert so lange im Kreis herum, bis er beim linken Nachbar des Einsagers ankommt. Dieser erzählt, was er vom Satz verstanden hat. Es gewinnt der Kreis, der den Satz am genauesten wiedergeben kann.
– Die Klasse wird in Kleingruppen aufgeteilt. Zwei Gruppen beginnen. Eine Gruppe sitzt auf den Stühlen im Kreis eng nebeneinander. Die Schüler lesen einen Geheimtext vor. Nach jedem Satz wandert die Geschichte zum Nachbarn weiter. Die Kinder der zweiten Gruppe schleichen um die Gruppe herum und versuchen, Wörter zu verstehen. Sie notieren auf, was sie gehört haben. Danach wird das Spiel umgekehrt (mit anderem Text) gespielt. Sieger ist, wer die meisten Wörter aufgeschrieben hat. Wichtig ist, daß die Schüler sich leise, aber verständlich ausdrücken.

Wenn die Kinder das Tätigsein in verschiedenen Ecken in ihrem neuen sozialen Umfeld eingeübt und im morgendlichen Sitzkreis immer wieder neue Arbeitstechniken kennengelernt haben, wird das reine Spielmaterial nach etwa vier bis sechs Wochen durch Arbeitsmittel immer mehr ersetzt. Aus dem Freispiel entwickelt sich so die Freie Arbeit.

Die zweite Möglichkeit des Beginns mit der Freiarbeit im ersten Schuljahr betrifft vor allem Klassen mit hohen Schülerzahlen. Im Förderunterricht sind die Klassen geteilt, der Geräuschpegel ist kleiner, die Arbeit mit den Kindern leichter. Abwechselnd gewinnen die Kinder beider Fördergruppen Erfahrungen mit konkretem Material, Umgangsmöglichkeiten werden erprobt, Regeln für den Gebrauch verabredet.

Symbole als Arbeitsanweisungen

Nach Beendigung des Freien Spielens werden mit den Kindern Symbole für bestimmte Tätigkeiten vereinbart:

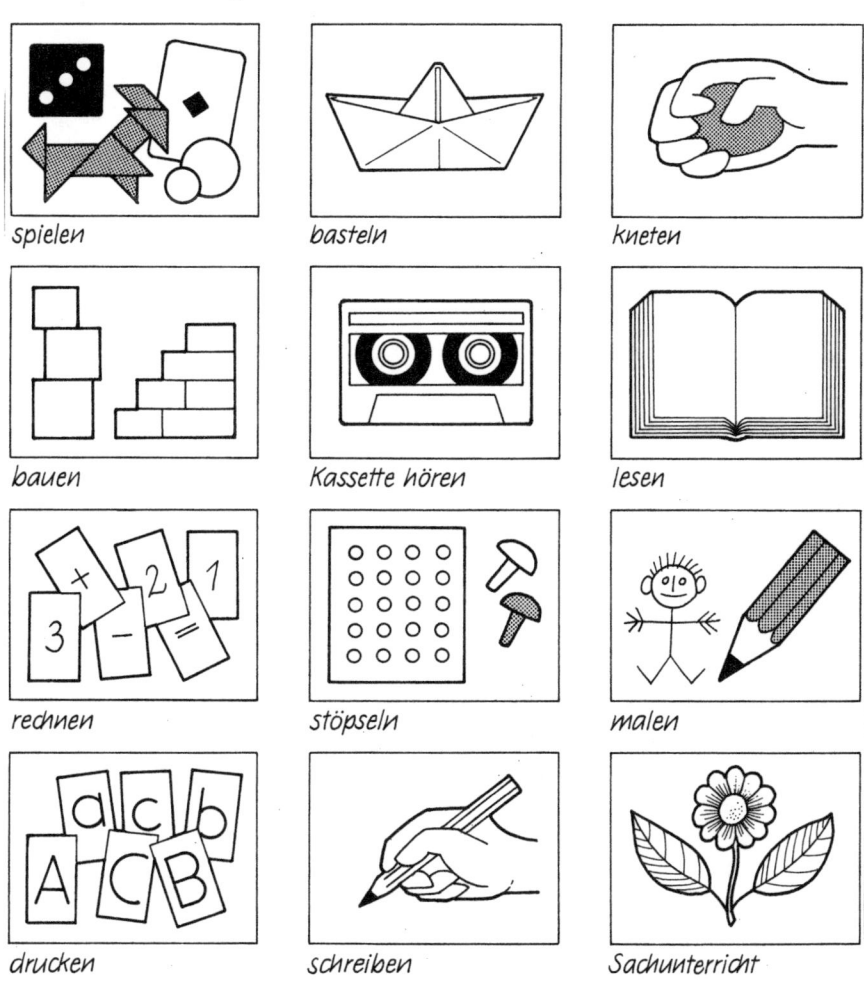

spielen   basteln   kneten

bauen   Kassette hören   lesen

rechnen   stöpseln   malen

drucken   schreiben   Sachunterricht

Die Bezeichnung mit Symbolen ist ein erster Abstraktionsschritt. Dadurch kann man sich mit den Kindern auch schriftlich über den Einsatz eines Materials verständigen.

Sicherlich wäre es zu diesem Zeitpunkt eine Überforderung, jedem Schüler ein Arbeitsblatt in Form eines Wochenplanes zu geben und diesen nur verbal im Sitzkreis zu erläutern. Bewährt hat sich dagegen folgende Vorgehensweise:

1. Schritt:

Der Lehrer hängt z. B. drei bis vier Symbolkarten zu Beginn des Tages an die Tafel. In einer vorgegebenen Zeit können die Schüler mit einem dieser Materialien arbeiten.

2. Schritt

Die Zeiteinheiten bleiben gleich oder werden nur geringfügig verändert. Angebote: Zwei oder drei freie Tätigkeiten; hinzu kommt nun eine verbindliche Aufgabe, die in einer vorgegebenen Zeit erledigt werden muß. Von den übrigen Angeboten können sich die Schüler eines oder zwei heraussuchen, welches sie gerne bearbeiten wollen. Sie entscheiden sich frei, zu welchem Zeitpunkt der Arbeitsphase sie das verpflichtende und wann sie das freie Angebot nutzen wollen.

Auch hier hängen die vereinbarten Symbole an der Tafel, da Material und Zeiteinhaltung noch überschaubar sind. Der Schüler muß jetzt die Zeit schon genauer kalkulieren. Eigene Wünsche müssen mit der Pflichtaufgabe koordiniert werden.

3. Schritt

Nach und nach werden Zeit und Aufgabenumfang erweitert. Nun kann die Zeit eventuell schon auf zwei Tage ausgedehnt werden, d. h. an zwei aufeinanderfolgenden Tagen gibt es jeweils eine Freiarbeitsphase von ungefähr 20 Minuten. Der Arbeitsauftrag wird am ersten Tag gegeben und gilt auch noch für den nächsten Tag.

Das richtige Einschätzen der Zeit ist für Schüler des ersten Schuljahres ein Problem: Als Hilfen bietet sich an:

- Der Lehrer hängt eine große Uhr auf und stellt einen Zeiger auf 20 oder 15 Minuten vor 12. Anweisung: Ist der Zeiger oben, ist die Freiarbeitszeit um.
- Eine große Uhr wird mit einem Klebepunkt versehen, der die Grenze der zur Verfügung stehenden Zeit zeigt.
- Ein Wecker läuft mit und klingelt fünf Minuten vor der vereinbarten Zeit.

Bei allen Beispielen sollten die Schüler angehalten werden, öfter und genau auf die Zeiger der Uhr zu achten.

Kontrolle

Bei beiden Einführungsmöglichkeiten in die Freie Arbeit fehlt noch eine Kontrolle, wie das Kind „abhaken" kann, was es geleistet hat. Folgende Vorgehensweise hat sich im Unterricht bewährt:

- Für jede Arbeit, die die Kinder während der Freiarbeit erledigt haben, dürfen sie z. B. eine Schuppe eines Fisches oder bei einem Apfelbaum für jede erledigte Aufgabe einen Apfel auf dem Kontrollblatt ausmalen. Ist das Kontrollblatt vollständig ausgemalt, so bekommt das Kind ein neues Blatt.

  Im weiteren Verlauf der Einführung der freien Arbeit kann die Wertigkeit von Aufgaben festgelegt werden, z. B.: Malen = 1 Schuppe (oder 1 Apfel); Domino Zahl – Bildliche Darstellung der Zahl = 2 Schuppen (oder 2 Äpfel). So erfahren die Schüler schnell, welche Aufgaben schwieriger sind. Für das Ausmalen kann für jeden Tag eine andere Farbe gewählt werden. Auf diese Weise kann jeder Schüler erkennen, wieviel er an einem Tag gearbeitet hat.

Tages- und Wochenplan

- Erst wenn alle Schüler die Arbeit mit den Symbolen verstehen, erhält jedes Kind seinen Tages- oder Wochenplan:

  Grundsätzlich sollten alle Arbeitsmaterialien und Tätigkeiten im ersten Schuljahr mit Symbolen versehen sein. Im Morgenkreis werden diese immer wieder eingeprägt. Hier ist auch der richtige Zeitpunkt, zu dem der Lehrer den Tagesplan erklärt. In diesen gemeinsamen Einführungssituationen sollte der Lehrer nur die Informationen geben, die für alle notwendig sind.

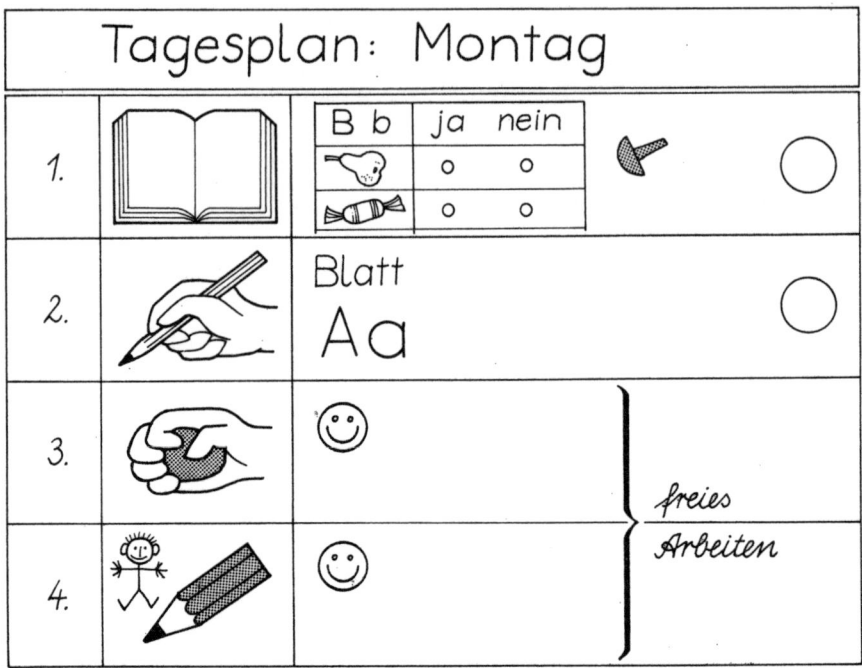

Im Idealfall wird die Einführungssituation vom Lehrer einer Gruppe von Kindern erklärt, die dies anderen weitergibt.

An die Arbeit mit dem Tagesplan schließt sich die Wochenplanarbeit an (gleiche Arbeitsweise).

Wochenplan von _____ **bis** _____

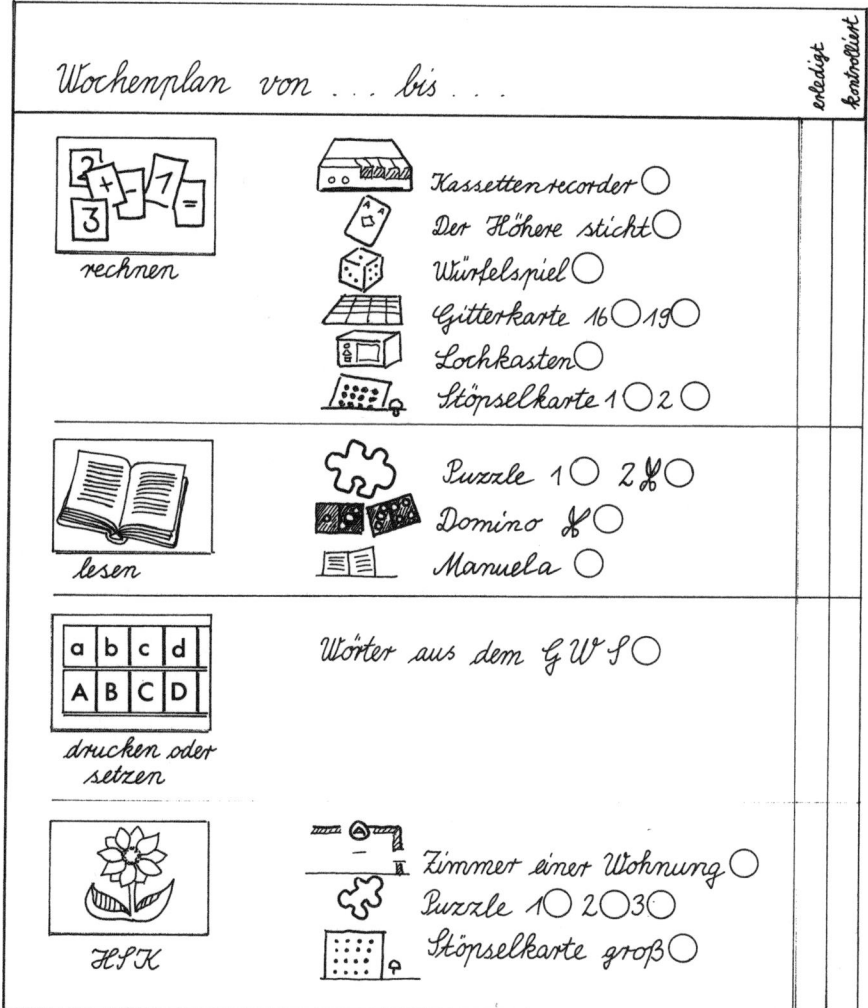

Freies Arbeiten in den Jahrgangsstufen zwei bis vier

Da alle Kinder lesen und schriftliche Arbeitsanweisungen verstehen können, gestaltet sich in diesen Stufen der Einstieg leichter. Trotzdem muß
auch hier genau überlegt werden, wie diese neue Unterrichtsform sinnvoll
an- und dargeboten wird.

Eine Möglichkeit besteht darin, Dias oder ein Video von der Freien Arbeit zu zeigen. Die Schüler berichten über das Gesehene und erfahren im nachfolgenden Unterrichtsgespräch nähere Einzelheiten. Schüler reagieren erfahrungsgemäß positiv auf diese neue Form des Unterrichts und wollen diese praktizieren. Überlegen Sie gemeinsam mit Ihren Schülern, was Sie räumlich und materialmäßig ändern bzw. anschaffen müssen! Versuchen Sie, soviel wie möglich mit den Kindern gemeinsam zu erledigen. Teilen Sie die Klasse in Gruppen auf und lassen Sie Entwürfe zeichnen, wie das Klassenzimmer aussehen soll. Bei der Erstellung der „Pläne" ist bereits ein kleiner Schritt zur Freiarbeit getan. Manche Schüler zeichnen einen Plan, andere stellen die Möbel real um, wieder andere besprechen das Vorhaben. Beim Zusammentragen der Ergebnisse kann der Lehrer auf diese Art der Freien Arbeit aufmerksam machen und den Schülern verdeutlichen, daß sie bereits im Sinne der Freiarbeit gearbeitet haben. Das Einrichten der Lese- und Spielecke ist ein weiterer Schritt zur Freien Arbeit: Teppiche werden ausgebreitet, evtl. Obstkisten als Sitzgelegenheiten und Tische aufgestellt. Eine andere Gruppe ordnet die mitgebrachten Bücher nach Sachgebieten. Selbstverständlich kann es bei diesen Aktivitäten nicht ruhig sein; dies sind Situationen, die viele Lehrer fürchten und von der Freien Arbeit abhalten.

Die Gestaltung der Heftumschläge ist eine weitere sinnvolle Möglichkeit der Hinführung. Bereits im Vorfeld können Gruppenarbeit und differenzierte Arbeitsformen geübt werden. Zum Bedrucken der Einbände stehen den Schülern verschiedene Vorgehensweisen offen: Falzdruck, Siebdruck, Kartoffeldruck, Pinseldruck und Korkendruck. Sich für eine Möglichkeit zu entscheiden, das Arbeiten in kleinen Gruppen an Extratischen, das sind Arbeitstechniken, die die Schüler in der Freiarbeit beherrschen müssen.

Bewährt haben sich auch optische bzw. akustische Signale. Für die Lehrkraft wie Schüler gilt: Rede nur so laut, daß nur die Kinder, die angesprochen werden sollen, deine Worte verstehen! Auf diesen Satz – gut sichtbar auf einem Plakat ausgehängt – können Lehrer wie Schüler deuten, wenn die Lautstärke das Arbeiten beeinträchtigt.

Als weitere Möglichkeit dient eine Kassette, die mit ruhiger, entspannender Musik bespielt ist und immer dann eingeschaltet wird, wenn es laut wird. Hören die Schüler die Musik, so sollen sie ruhig an ihrem Platz verharren. Auf diese Art von Musik reagieren Kinder sehr positiv. Empfehlenswert ist auch das Abspielen entspannender Musik vor Beginn des freien Arbeitens.

Ein Problem der Freien Arbeit – besonders am Anfang – ist die Bereitstellung des Materials. Lassen Sie alte Spiele, Bücher etc. von den Schülern mitbringen. Kaufen Sie auf dem Flohmarkt Spiele dazu. Sobald Sie verschiedenes Material gesammelt haben, lassen Sie die Schüler täglich frei in den Ecken arbeiten. Der Übergang zur Freien Arbeit kann erst mit genügend Material vollzogen werden. Da die Herstellung mit sehr viel Arbeit und Zeit verbunden ist, wenden Sie sich an die Eltern. Diese basteln gerne mit, wenn sie den Sinn dieser Unterrichtsform erkannt haben.

Tages- und Wochenplan

Beginnen Sie mit einem Zwei- bis Dreitagesplan. Neben verbindlichen Pflichtaufgaben bleibt Raum für freies Spiel, das von den Schülern selbst im Plan notiert werden kann.

Arbeitsplan von Montag bis Mittwoch		
1.	Stöpselkarte 4, 5	0
2.	Buch: S. 36 Nr. 1	0
3.	Domino: rot	0
4.	_____	freies Arbeiten
5.	_____	

Zweckmäßig ist der Einstieg mit einem Unterrichtsfach; am günstigsten hat sich Mathematik erwiesen (viele Übungsaufgaben). Anfänglich sollte auch auf dieser Stufe noch mit Symbolen gearbeitet werden; diese können später wegfallen. Das Arbeitsmaterial wird vorher im Morgenkreis erläutert. Die Tatsache, daß das Arbeitsmaterial nicht für alle Schüler ausreicht, fordert deren Entscheidung: Erledige ich sofort meine Pflichtaufgaben, bastle, lese oder spiele ich? Nun beginnt die eigentliche Freie

Arbeit. Die Schüler ziehen sich in verschiedene Ecken zurück, der Lehrer kann ungeklärte Fragen beantworten oder sich um einzelne Schüler kümmern. Ein wichtiger Hinweis: Bezeichnungen auf dem Plan und auf den Arbeitsmaterialien müssen identisch sein.

Haben die Schüler ihre Pflichtaufgaben erledigt, so sollte die Lehrkraft umgehend eine Kontrolle hierüber haben. Zweckmäßigerweise befinden sich auf der rechten Seite des Planes zwei Spalten: Spalte 1: erledigt, Spalte 2: kontrolliert.

	erl.	kontr.

Hat ein Schüler im Beispiel die Pflichtaufgabe „Stöpselkarte" erledigt, so hakt er diese in der betreffenden Spalte ab. Anschließend hebt er die Hand, die Lehrkraft geht zu ihm hin und zeichnet in der zweiten Spalte ab. Arbeiten zwei oder mehrere Schüler am gleichen Material, so können sie gegenseitig abzeichnen. Dies ist eine besonders motivierende Tätigkeit; zusätzlich werden die Schüler zu genauer Kontrolle angehalten.

Nach einiger Zeit wird der Tagesplan/Mehrtagesplan zum Wochenplan erweitert:

Wochenplan von _____ bis _____	erl.	kontr.
1. Buch: S. 39 Nr. 3	0	
2. Stöpselkarte: Nr. 37, 38	0	
3. Gitterkarte: Nr. 4–6	0	
4. Domino blau: Wir rechnen bis 100	0	
5. Memory: Plusaufgaben bis 100	0	
6. Kassettenrecorder: Minusaufgaben bis 100	0	
7. AB: Rechenhäuser	0	
Das habe ich noch gespielt:		

Der Plan wird am Wochenbeginn im Sitzkreis vorgestellt, die Arbeitsmaterialien werden erklärt. In den folgenden Tagen arbeiten die Schüler frei! Die Schüler müssen anfänglich darauf aufmerksam gemacht werden, welche Zeit sie noch zur Erledigung der Pflichtaufgaben haben. Sollten Schüler die Freiarbeit nur mit Spielen verbringen, so lassen Sie diese mit gewissenhaften Schülern die Wochenplanarbeit erledigen. Schon nach kurzer Zeit wird den Schülern die Gängelung lästig, und sie wollen wieder selbständig arbeiten. Mit dem fächerbezogenen Wochenplan wird so lange gearbeitet, bis die Schüler diese Zeiteinteilung beherrschen; anschließend wird zum fächerübergreifenden Wochenplan gewechselt.

Wochenplan von _____ bis _____	erl.	kontr.
Mathematik Stöpselkarte: Nr. 8 Arbeitsblatt: In zwei Schritten über den Zehner Gitterkarten: 4, 5		
Deutsch Grundwortschatz abschreiben Lernwörter auf-, abbauen Lernwörter getrennt aufschreiben Partnerdiktat Stöpselkarte d oder t? Partnerlesen: Blatt 3		
Heimat- und Sachkunde Memory: Die Uhr Domino: Verschiedene Uhren		

Tip: Kennzeichnen Sie die verschiedenen Materialien für die Fächer Mathematik, Deutsch und Heimat- und Sachkunde mit verschiedenen Farben. Archivieren Sie alles exakt – dies zahlt sich aus, wenn Schüler das Material aufräumen sollen bzw. Materialien durcheinandergeraten.

Beginnen Sie mit der Freiarbeit dort, wo Sie sich sicher fühlen.

Dieser Beitrag ist eine Fortführung und Erweiterung von: Bairlein, S.: Freiarbeit – Wie fange ich an? In: Lehrer Journal, Grundschulmagazin 2/1991, S. 11–13.

ULRIKE PASSAUER/BIRGIT HACKER

Vom Freispiel über das Lernen an Übungsstationen zur Tages- und Wochenplanarbeit

Freie Nutzung der Spiel- und Lernangebote (Freispiel)

Eine dem Schulanfänger gemäße Art des Einstiegs in offene Unterrichtsformen ist die Anknüpfung an die Erfahrungen mit dem Freispiel im Kindergarten.

Von Anfang an sollte das Klassenzimmer so vorstrukturiert werden, daß es den Charakter eines echten Arbeitsraums erhält: Regale und Raumteiler gliedern das Zimmer in verschiedene Ecken; eine Matratze, ein Teppich oder ein Sofa laden zum gemütlichen Sitzen ein; verschiedene Tische dienen als Arbeitsplatz oder Ausstellungsfläche; ein Gruppentisch ermöglicht die Zusammenarbeit mehrerer Kinder.

Im Klassenzimmer muß eine Erstaustattung verschiedener Materialien vorhanden sein: Schachteln mit Woll- und Stoffresten, Papiere, Perlen, Steckwürfel, Knete, Bücher usw.

Ein gleitender Unterrichtsbeginn ermöglicht den Erstkläßlern von der ersten Schulwoche an jeden Morgen eine freie Beschäftigung mit den Materialien. Dieses Materialangebot wird regelmäßig erweitert.

Für Schulanfänger eignen sich beispielsweise folgende Spiele:

– Fühlhaus
  Geschlossener Karton mit je einer Öffnung auf der Vorder- und Rückseite. Ein Kind legt durch die vordere Öffnung einen Gegenstand in das Fühlhaus. Ein anderes Kind greift von der Rückseite in den Karton und ertastet den Gegenstand. Später werden die realen Gegenstände (Stift, Apfel, Spitzer etc.) durch Merkmalsplättchen (Mathematik) oder Ziffern- und Buchstaben-Fühlkarten ersetzt.
– Hörmemory
  Undurchsichtige Filmdosen, von denen je zwei mit dem gleichen Inhalt gefüllt sind (Reis, Perlen, Zucker etc.). Durch Schütteln der Döschen sollen die Kinder am Geräusch die zusammengehörigen Paare erken-

nen. Die Kontrolle erfolgt durch eine farbige Markierung auf der Unterseite (Beispiel: Reisdosen – roter Punkt).

– Spiele
z. B. Tastspiele „Blinde Kuh" und Memory (vom Kindergarten her bekannt).

Im Laufe des ersten Vierteljahres weiten sich die Angebote und Schülertätigkeiten auf fachspezifisches Material aus, das heißt Lese- oder Mathematikmaterial aus dem gelenkten Unterricht kann in diesen freien Phasen wiederholend bzw. weiterführend bearbeitet werden.

Von Anfang an muß die Einhaltung von Regeln praktisch eingeübt werden:

– Wir sind leise!
– Wir räumen das Material wieder auf!
– Wir gehen mit dem Material sorgfältig um!

Lernen an Übungsstationen (Zirkeltraining)

Eine weitere Form der Öffnung des Unterrichts stellt das Zirkeltraining dar.

Je zwei Tische werden zu Gruppentischen zusammengeschoben und bilden eine Station. An fünf bis sechs Stationen legt der Lehrer jeweils verschiedenes Material zu einem Thema aus. Je nach Schülerzahl arbeiten drei bis fünf Schüler an einer Station mit dem dort bereitgestellten Material. Nach einem bestimmten Zeitabschnitt (ca. 10 bis 15 Minuten) wechseln die Schüler zur nächsten Station und arbeiten dort weiter. Pro Unterrichtseinheit können etwa drei Stationen durchlaufen werden. Am folgenden Tag kann das Zirkeltraining fortgesetzt werden. Das nachfolgende Beispiel verdeutlicht den Aufbau und damit den Ablauf eines Zirkeltrainings.

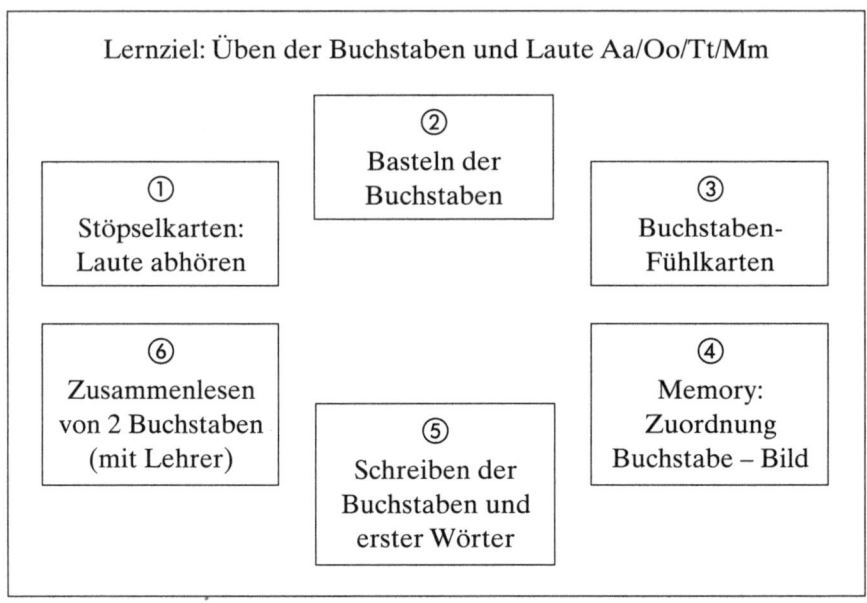

Lernziel: Üben der Buchstaben und Laute Aa/Oo/Tt/Mm

① Stöpselkarten: Laute abhören

② Basteln der Buchstaben

③ Buchstaben-Fühlkarten

⑥ Zusammenlesen von 2 Buchstaben (mit Lehrer)

⑤ Schreiben der Buchstaben und erster Wörter

④ Memory: Zuordnung Buchstabe – Bild

Station 1: Stöpselkarten „Laute abhören"

Die Schüler hören das dargestellte Wort auf die Stellung des Lautes hin ab (An-laut-Inlaut-Auslaut) und stecken den Stöpsel in das entsprechende Loch. Bei-spiel: „Elefant" – „a" in der Wortmitte – Stöpsel in das mittlere Loch. Die Kon-trolle erfolgt durch Umdrehen der Karte: farbige Markierung (Lochverstärker) des richtigen Loches.

Station 2: Basteln der Buchstaben

Die Kinder können die Buchstaben aus Pfeifenputzern, Knete, Wolle usw. legen und/oder kleben.

Station 3: Buchstaben-Fühlkarten

Auf Kärtchen ist jeweils ein Buchstabe aus Sandpapier, Stoff o. ä. aufgeklebt. Diese Kärtchen werden von einem Schüler in das Fühlhaus gesteckt; der Mitspieler ertastet den Buchstaben und benennt diesen.

Station 4: Memory: Zuordnung Buchstabe – Bild

Die Schüler spielen in der Gruppe nach den bekannten Memory-Regeln.
Ein Paar besteht jeweils aus einem Buchstaben und einer passenden
Bildkarte.

*Station 5: Schreiben der Buchstaben und erster Wörter (Tom, Oma,
Mama)*

Die Kinder können zwischen verschiedenen Stiften und unterschiedlichem Papier wählen und schreiben die Buchstaben und Wörter von Vorlagen ab.

Station 6: Zusammenlesen von zwei Buchstaben

Der Lehrer arbeitet mit den Kindern an diesem Tisch. Üben, zum Beispiel mit Hilfe des Setzkastens, das Zusammenlesen von zwei Buchstaben:
Ma, Om, am . . .

In der gleichen Weise können in Rechtschreiben und in Mathematik
Übungsstationen aufgebaut werden. Damit Schüler nicht überfordert werden, sollte nur an ein oder zwei Stationen unbekanntes Material ausliegen
und zu Beginn vorgestellt werden. Zweckmäßig ist innerhalb des Zirkeltrainings der Wechsel zwischen mündlichen und schriftlichen Tätigkeiten
sowie den verschiedenen Sozialformen.

Tages- und Wochenplanarbeit

Wenn die Schüler bereits verschiedenes fachspezifisches Material kennengelernt haben und damit sachgemäß und selbständig arbeiten können,
kann zur Arbeit mit Plänen übergegangen werden. Auf jedem Plan werden eine oder mehrere Aufgaben verbindlich zur Erledigung vorgegeben,
gleichzeitig jedoch auch Wahlmöglichkeiten eingeräumt (Material, Sozialform oder Arbeitsplatz). Die Erledigung von einzelnen Aufgaben wird
von jedem Schüler schriftlich festgehalten (vgl. bezüglich des Ablaufs den
Beitrag von Bairlein in diesem Band).

Die Arbeit mit dem Plan in der ersten Jahrgangsstufe

Etwa ab Weihnachten, wenn die Schüler Symbole verstehen gelernt haben, ist bereits die Arbeit mit einfachen Plänen möglich, sofern sich diese nur auf ein Fach und einen Tag beziehen.

Lernziel des nachfolgenden Tagesplans (Mathematik) ist die Übung von Plus- und Minusaufgaben bis 6. Die Kinder haben freie Auswahl zwischen verschiedenen Materialien. Durch Ankreuzen belegen sie, wie viele und welche sie bearbeitet haben.

11. 1. 91	
Wir rechnen bis 6	
Puzzle ⚙	
Stöpselkarten 🔢	
Maus 🐁 Elefant 🐎 - Rechnungen	
Arbeitsblatt 📋	
Buch 📖	
Kreuze an, was du gemacht hast! Viel Spaß!	

Puzzle:

Ein Bild wurde vom Lehrer mit Ergebniszahlen versehen und zerschnitten. Die Schüler legen die Ergebniskärtchen auf die entsprechenden Aufgaben auf einem Aufgabenblatt. Bei richtiger Lösung entsteht das Bild.

Stöpselkarten:

Zu jeder Rechenaufgabe gibt es drei mögliche Lösungen. Der Schüler steckt in das richtige Ergebnis einen Stöpsel. Die Kontrolle erfolgt durch Markierungen auf der Rückseite.

$3 + 2 =$	5	4	6
	o	o	o
$4 - 1 =$	4	3	2
	o	o	o
. . .			

Maus-/Elefant-Rechnungen:

Wendekarten, auf denen auf der Vorderseite die Aufgabe und auf der Rückseite die Lösung steht und die ihren Namen dadurch erhalten haben, daß sie in zwei Schachteln aufbewahrt werden, auf denen eine Maus (leichtere Aufgaben) bzw. ein Elefant (schwierigere Aufgaben) geklebt ist. Sie werden zur schriftlichen Einzelarbeit oder zur mündlichen Partnerarbeit eingesetzt.

Vorderseite   Rückseite

$$1+2-1 \qquad 2$$

Die Arbeit mit dem Plan in der zweiten Jahrgangsstufe

Hier beginnt die Arbeit mit einem differenzierten, mehrere Fächer umfassenden Wochenplan. Der nachfolgend abgedruckte Wochenplan enthält zwei Bereiche: *Pflichtaufgaben* (!) und *freiwillige Wahlaufgaben* (✶). Der Umfang der Pflichtaufgaben sollte so bemessen sein, daß auch schwächere Schüler sie in drei der vier Unterrichtseinheiten bewältigen können.

Das Vorlesen bei der ersten Aufgabe der *Pflichtaufgaben* vermittelt der Lehrkraft ein Bild vom individuellen Lesestand des einzelnen Schülers. Die Schüler arbeiten mit einer Lesekartei, einer Sammlung von Texten, die nach Inhalt und Schwierigkeitsgrad geordnet, auf Karteikarten DIN A5 geklebt und durch Plastikhüllen geschützt sind.

Die zweite Aufgabe ist dem Bereich der Sprachbetrachtung zum Thema Namenwörter entnommen und wird im Heft bearbeitet. Die Schüler können unter vier Aufgaben aus zwei verschiedenen Sprachbüchern auswählen.

Schwerpunkt dieses Wochenplans ist das Unterrichtsfach Mathematik (Aufgabe drei). Die nachfolgenden Übungen zur Erschließung des Zahlenraumes bis 100 sollen die Zahlvorstellung verbessern (vgl. Wochenplan).

an vier Tagen
je eine
Unterrichts-
einheit

Übungsplan vom 12.11. bis 16.11.
Montag Dienstag Mittwoch Freitag

① Wähle Dir eine Geschichte aus
der Lesekartei!
Lies sie mir (Frau Passauer) vor!

② Buch
Tulpe
Peter
Namen-
wörter   blau   Wähle mindestens 2 Aufgaben
aus!

S1 = Sprachbuch 1
S 2 = Sprachbuch 2

S1   S. 15   N. 3

S1   S. 15   N. 5

S1   S. 16   N. 7

Block   S2   S. 66   N. 1

Denke Dir zwei Rätsel fürs
Geschichtenbuch aus!

✗✗ = Sozialform
Partner-, Einzel-
oder Gruppen-
arbeit

③ 1 2 3   Wie viele Übungen schaffst Du?

✗		Tangrampuzzle		V
✗	orange	Rechenkarten	blau	
	orange	Rechenkarten	rot	
✗ oder ✗✗		Domino		
✗		Lege Zahlen 1		V
✗		Lege Zahlen 2		V
✗ oder ✗✗		♛ Puzzle	ZE 33	
		Stöpselkarten	1 2	—

★ ① ✗   Drachenordner

② ✗✗✗✗   Puzzle

③ ✗ oder ✗✗   Nächste Woche sprechen wir
über Jgel und Winterschlaf.

Findest du ein Buch, Bilder,
Geschichten dazu?

④ Maus   Hast Du Lust zu einer
Geschichte?

N.3   Übungen zur Erschließung des Hunderterraums
(Zuordnung verschiedenartiger Zahlbilder zur Punkt/Strich-
Ziffern- und ZE Darstellung)

Schüler hakt bearbeitete
Aufgabe ab.

Tangrampuzzle:

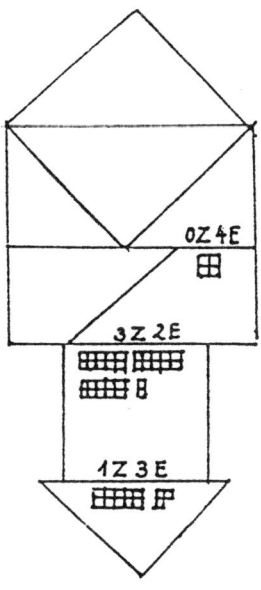

Die Schüler ordnen die Kärtchen einander zu, z. B. Zahlbild für 13 zur Zehner-Einer-Darstellung

Selbstkontrolle: Bei richtigem Ergebnis entsteht ein Motiv.

Rechenkarten:

Vorderseite	Rückseite

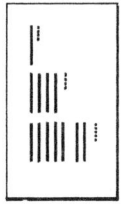

Die Rechenkarten werden wie Wendekarten eingesetzt und im Heft bearbeitet.
Vorderseite: Rechenaufgabe
Rückseite: Lösung (Kontrolle)

Domino:

Die Seite der Karte mit der Zehner-Einer-Darstellung wird an die Karte mit passender Zahl angelegt.

Selbstkontrolle: Die erste Karte paßt zur letzten Karte, oder:
Die Kinder drehen das fertiggelegte Domino um. Bei richtiger Lösung erkennen sie eine durchgehende Schlangenlinie.

Lege Zahlen!

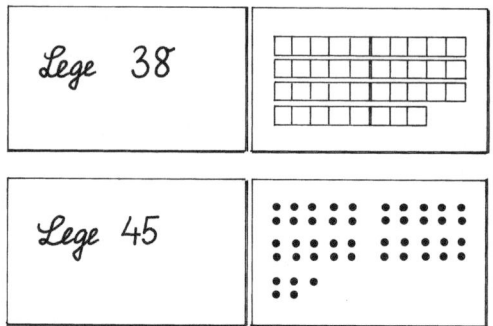

Arbeitsmittel wie Wendekarten
Vorderseite: Arbeitsauftrag
Rückseite: gezeichnete Lösung (Selbstkontrolle). Die Schüler sollen passende Zahlenstreifen oder Punktedarstellung zur entsprechenden Zahl legen.

Puzzle:

Kombination verschiedener Darstellungsweisen
Selbstkontrolle: Fertiges Puzzle

Allen Arbeitsmitteln ist gemeinsam, daß die Schüler sofort Rückmeldung erhalten (Selbstkontrolle). Mit geringen Variationen lassen sich diese Arbeitsmittel universell einsetzen.

Eine Leerzeile im Plan gibt der Lehrkraft die Möglichkeit, Schülern individuelle Aufgaben zuzuweisen (Peter: Übe Umkehraufgaben! Sabine: Karteikarte Nr. 13).

Der Drachenordner (freiwilliger Teil) enthält Aufgaben zur Konzentrations- und Wahrnehmungsschulung (Irrgärten, Suchbilder usw.) in Plastikhüllen. Diese Aufgaben werden mit Folienstift bearbeitet und selbständig mit Hilfe einer Lösungskarte kontrolliert.

Das umfangreiche Puzzle trainiert Ausdauer und Wahrnehmung. Zum Legen sind die Schüler auf Zusammenarbeit angewiesen.

Die dritte Wahlaufgabe ist eine vorbereitete Aufgabe aus der Heimat-

und Sachkunde. Verschiedene Sachkundebücher und Naturlexika liegen bereit.

Im Rahmen der Wochenplanarbeit können die Schüler regelmäßig freie Geschichten schreiben. Diese werden nur rechtschriftlich korrigiert, anschließend fehlerfrei abgeschrieben und nach dem Vorlesen im Klassengeschichtenbuch gesammelt.

Als freiwillige Aufgaben eignen sich: Geschichten für das Schriftpflegeheft gestalten, Reime und Bilder für ein Abc-Buch erfinden, für das Schulfest üben, die Kulisse für das Theaterstück malen, einen Beitrag für die Schülerzeitung entwerfen usw.

Haben die Schüler über einen längeren Zeitraum mit Wochenplänen gearbeitet, so kann ihnen zunehmend mehr Freiheit bei der Auswahl gelassen werden. Dies bedeutet, daß die Gestaltung des Plans immer offener wird; die Schüler suchen sich eigenständig Aufgaben und fixieren diese im Plan. Durch ständige Reflexion werden sie angehalten, solche Ziele zu wählen, die für ihren persönlichen Lernfortschritt sinnvoll und geeignet sind.

ANGELIKA ENGLBERGER/EVA RETTENMEIER

Stationentraining

1. Stationentraining – eine motivierende Übungsform

Die Grundidee des Stationentrainings stammt aus dem Sportunterricht (Circuittraining). Die Schüler üben einen bestimmten Lerninhalt an mehreren Stationen auf möglichst vielfältige Art; im Rahmen der Übungsphase durchläuft der Schüler verschiedene Stationen. Dabei ist es wichtig, daß die Kinder mit den jeweils angebotenen Übungen vertraut sind.

Vielfältige Erfahrungen in den unterschiedlichen Jahrgangsstufen haben gezeigt, daß die Schüler bei einem Stationentraining motiviert und intensiv arbeiten. Ein Stationentraining ist für die Schüler abwechslungsreich, da es Rhythmisierungsmöglichkeiten enthält:

– Spannung (Arbeitsphase) – Entspannung (Wechsel der Stationen)
– mündliches Arbeiten – schriftliches Arbeiten
– verschiedene Sozialformen
– vielfältige Zugänge zum Thema durch gezielte Materialvorgabe und -auswahl

Durch die immanente Rhythmisierung werden Ermüdungserscheinungen geringer, und selbst konzentrationsschwache Schüler gehen Stationen neu motiviert an.

Ein Stationentraining ermöglicht jedem Schüler Erfolgserlebnisse:

– differenzierende Angebote und individuelles Lerntempo – optimale Passung
– Abgeschlossenheit jeder Station und die Möglichkeit der Selbstkontrolle – mehrmaliges Erfahren: „Ich kann etwas!"

Obwohl bei einem Stationentraining die Lehrkraft die Planungskompetenz nicht aus der Hand gibt, tritt die lehrergesteuerte Unterweisung zugunsten von selbstgesteuertem Lernen zurück. Die Schüler sind auf die Sache konzentriert und nicht auf Fragen, Erklärungen, Ermahnungen usw. der Lehrkraft. Für diese bedeutet dies,

– eine Station zu betreuen,
– schwächere Schüler durch die Stationen zu begleiten und
– als Berater und Helfer zur Verfügung zu stehen.

2. Von Station zu Station – Möglichkeiten der Organisation eines Stationentrainings

Die Durchführung jedes Stationentrainings benötigt folgende Vorbereitungsarbeiten:

- Herrichten von Tischgruppen als Stationen und Bestückung mit dem entsprechenden Material.
- Erläuterung der Arbeitsaufträge (im Kreis oder bei einem Rundgang).

2.1 Gebundenes Stationentraining: Feste Gruppen – gemeinsamer Wechsel

Die Kinder werden in gleich große Gruppen eingeteilt, je einer Station zugeordnet und beginnen gemeinsam mit der Arbeit. Bei einem vereinbarten akustischen Signal wechseln die Schüler die Stationen. Dieses Signal bedeutet dreierlei: Arbeit beenden – Station für die Nachfolgegruppe herrichten – an einen neuen Tisch gehen. An den jeweiligen Stationen werden bei Bedarf quantitative oder qualitative Differenzierungsmöglichkeiten angeboten. Zu beachten ist, daß das Material neben der Selbstkontrolle auch Zwischenkontrollen für langsamere Schüler ermöglicht.

Eine weitere Möglichkeit ergibt sich, wenn die Klasse in leistungshomogene Gruppen eingeteilt und Stationen mit unterschiedlichem Schwierigkeitsgrad erstellt werden. Das bedeutet konkret, daß z. B. drei Gruppen der Klasse die Stationen eins bis fünf, die anderen Gruppen die Stationen drei bis sieben durchlaufen.

2.2 Stationentraining mit Wahlmöglichkeiten: Freie Stationenwahl – gemeinsamer Wechsel

Bei dieser Art von Zirkeltraining ist die Klasse nicht in feste Schülergruppen eingeteilt, da die Kinder zu Beginn und bei jedem Wechsel die Möglichkeit haben, sich frei für eine Station zu entscheiden (Regel: Maximal sechs Kinder je Tisch). Deshalb ist wichtig, daß die Schüler – eventuell mit Hilfe eines Laufzettels – einen gesicherten Überblick über die verschiedenen Stationen sowie durch das Angebot von zusätzlichen Stationen eine realistische Auswahlmöglichkeit haben. Der Wechsel erfolgt wieder gemeinsam auf ein bekanntes Signal hin; die Anforderungen an die Ausstattung der Stationen mit Differenzierungsangeboten sowie die Kontrollmöglichkeiten sind mit denen des gebundenen Trainings vergleichbar.

3. Praktische Beispiele

Das Stationentraining läßt sich an verschiedenen didaktischen Orten einer Unterrichtssequenz einbauen:
- Er- und Bearbeitung eines Sachthemas
- Sicherung bestimmter Teilleistungen
- Beendigung einer Lerneinheit
- Fächerübergreifender Wochenabschluß

Zum Einsatz bei einem Stationentraining eignet sich jedes Material, das lehrerunabhängig bearbeitet werden kann. Es sollte in Gestaltung und Aufgabenstellung dem kindlichen Lernen entgegenkommen und Selbstkontrolle ermöglichen. Der Arbeitsaufwand für die Erstellung des Materials relativiert sich, wenn man bedenkt, daß die Materialien auch im Rahmen der Differenzierung des Unterrichts/des Wochenplans/der Freien Arbeit Verwendung finden können.

Nachfolgend werden exemplarisch Beispiele von Stationentrainings vorgestellt und die eingesetzten Materialien beschrieben.

3.1 Stationentraining (Jahrgangsstufe 1):
Üben und Sichern der Lautverbindungen mit R, r

Stellung in der Lerneinheit:

Dieses Stationentraining soll den Schülern Gelegenheit geben, einen neuen Laut bzw. ein neues Lautzeichen selbständig auf vielfältige Weise zu üben und zu sichern. Dem Stationentraining vorausgegangen ist eine Unterrichtsstunde zur optischen und akustischen Analyse von R, r.

Vorbereitung und Durchführung

Um die Kinder einer ersten Klasse mit den vielfältigen Arbeitsaufträgen und dem organisatorischen Ablauf nicht zu überfordern, sollte das Stationentraining nur bekannte Übungsformen zur Buchstabenanalyse enthalten.

Die verwendeten Arbeitsmittel waren von der Lehrkraft im Zusammenhang mit früher erlernten Buchstaben eingeführt und genau erklärt worden und standen den Schülern auch während Phasen freien Arbeitens zur Verfügung. Als die Kinder nach der Pause ins Klassenzimmer zurückkamen, hatte die Lehrerin die Gruppentische und das benötigte Material vorbereitet. In einem Rundgang mit der ganzen Klasse von Station zu Station wurden die Arbeitsaufträge besprochen und die Gruppe benannt, die an diesem Tisch das Training beginnen sollte. Die Lehrerin betreute eine Station, an der sie in einer Kleingruppe von vier bis fünf Kindern die Lesehausaufgabe kontrollierte. Alternativ hätte die Möglichkeit bestanden, eine Gruppe von Kindern von Station zu Station intensiv zu betreuen.

Stationenübersicht

Stationenbeschreibung

| Bilderplakat |

Lernziele:

– Wörter deutlich sprechen
– Akustische Identifikation R, r

Beschreibung:

Die Schüler erhalten ein großes Blatt Papier. Darauf sollen Begriffe bildlich dargestellt werden, in denen der neue Laut vorkommt.

Kontrolle:

Zugehöriges Bild

| Stecktafeln: Lautwahrnehmung |

Lernziel:

– Akustische Differenzierung nach In-, An- und Auslaut

Beschreibung:

An dieser Station stehen den Schülern alle Stecktafeln mit den bisher erarbeiteten Buchstaben zur Verfügung. Benötigt werden Stecker, mit denen der betreffende Laut als An-, In- oder Auslaut lokalisiert wird.
(Diese Stecktafeln und die Stöpsel gibt es bei vielen Verlagen als Fertigprodukt.)

Kontrolle:

Selbstkontrolle durch Lochverstärker bei den richtigen Stöpsellöchern auf der Rückseite.

Lernziel:

– Aufbauendes und lautierendes Erlesen von neuen Wörtern

Beschreibung:

Die Schüler erhalten Kartonstreifen, auf denen Wörter
buchstabenweise aufgebaut
sind.

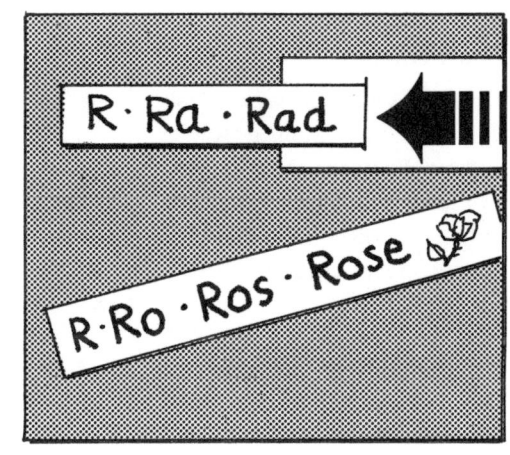

Durch langsames Hervorzie-
hen der Streifen unter einem
Abdeckblatt werden die
Wörter sukzessiv erlesen.

Kontrolle:

Ist das ganze Wort erlesen,
erscheint am Ende des Strei-
fens das entsprechende Bild.

Wörterplakat

Lernziel:

– Optische Identifikation von R, r auch bei unterschiedlichen Schrift-
  typen

Beschreibung:

An dieser Station stehen den
Schülern Zeitungen, Illu-
strierte, Scheren und Klebstoff zur Verfügung. Ihre
Aufgabe ist es, Wörter mit R,
r in den Zeitschriften zu finden, auszuschneiden und auf
ein großes Blatt zu kleben.
Manche Gruppen erstellen
einen Buchstabenturm.

Kontrolle:

Lehrkraft

| Bild-Laut-Domino |

Lernziel:

– Lautverbindungen des Wortanfangs realisieren und einfachen Buchstabengruppen zuordnen

Beschreibung:

Dieses Legespiel wird nach den Dominoregeln gespielt. Einem Wortanfang (z. B. Ra) soll das Kärtchen mit dem entsprechenden Bild (Radio) zugeordnet werden.

Kontrolle:

Die Dominokärtchen werden zum Schluß umgedreht. Auf der Rückseite erscheint bei richtiger Lösung eine durchgezogene Linie.

Start	Ra	[Radio]	So
[Sofa]	Ri	[Ring]	Mo
[Mond]	Sa	[Sack]	Ro
[Rock]	Ma	[Mann]	Ru
[Besen]	Si	[Sieb]	Ende

3.2 Stationentraining (Jahrgangsstufen 2–4) Deutsch: Rechtschreibübungen

Stellung der Lerneinheit

Ein Stationentraining im Rechtschreibunterricht kann sinnvoll eingesetzt werden bei der

– Vorbereitung einer Nachschrift,
– intensiven Beschäftigung mit einer Rechtschreibregel,
– Wiederholung des Wortschatzes vor einem Probediktat usw.

Vorbereitung und Durchführung

Die hier vorgestellten Übungsstationen sind als Anregung gedacht. Jedes Stationentraining im Rechtschreiben muß auf die jeweilige Klasse, den Übungsschwerpunkt und den aktuellen Wortschatz abgestimmt werden. Bei der Durchführung dieses Stationentrainings wollte die Lehrkraft die Erkenntnis berücksichtigen, daß mehrere verteilte, kurze und intensive Übungseinheiten gewinnbringender sind als eine lange Sequenz. Das Stationentraining wurde auf vier Tage verteilt. Am Montag wurden alle Arbeitsaufträge bei einem Rundgang mit der Klasse besprochen; jeder Schüler begann an einer Station. An den darauffolgenden Tagen konnten sich die Schüler jeweils eine andere Station aussuchen. Die tägliche Übungsdauer betrug etwa 15 Minuten; vier Schüler sorgten für den raschen Auf- und Abbau der Stationen.

Stationenübersicht

① Schlangensätze (Einzelarbeit)	② Dosendiktat (Gruppenarbeit)
③ Wortpuzzle (Partnerarbeit)	④ Laufdiktat (Einzelarbeit)

Stationenbeschreibung

Dosendiktat

Lernziel:

– Wörter aus dem Grundwortschatz im Satzzusammenhang richtig schreiben

Beschreibung:

Die Übungsnachschriften werden satzweise auf Kartonstreifen geschrieben und diese Satzstreifen in eine Dose gesteckt.

– *Gruppenarbeit/Partnerarbeit:*

Abwechselnd ziehen die Schüler einen beliebigen Streifen aus der Dose und diktieren der Gruppe (dem Partner) die Sätze.

– *Einzelarbeit:*

Satzstreifen ziehen, lesen, umdrehen und auswendig aufschreiben.

Kontrolle:

Selbstkontrolle/Partnerkontrolle durch Vergleich mit dem jeweiligen Satzstreifen.

| Wortpuzzle |

Lernziel:

– Wörter aus dem Grundwortschatz einprägen und richtig schreiben

Beschreibung:

Die Lernwörter werden auf Karton geklebt und diagonal zerschnitten. Die Schüler setzen die Lernwörter richtig zusammen und schreiben diese in ihr Heft.

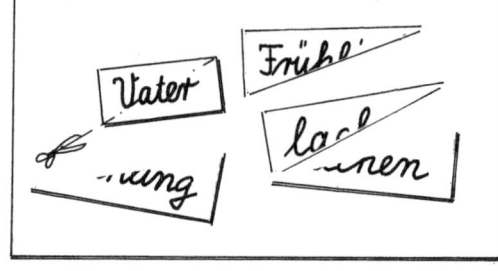

Kontrolle:

Sinnvolles Wortbild

| Schlangensätze |

Lernziele:

– Wörter aus dem Grundwortschatz richtig schreiben
– Unterscheidung der Wortarten
– Anwenden der Regeln zur Groß- und Kleinschreibung

Beschreibung:

Die Sätze der Übungsnachschrift werden leicht verändert nur mit Großbuchstaben und ohne Abstände getippt, mehrmals kopiert und in Streifen geschnitten.

Die Schüler ziehen einen Streifen, unterteilen den Schlangensatz mit Bleistiftstrichen in Einzelwörter und schreiben diese anschließend in ihr Heft.

Kontrolle:

Kontrollblatt, auf dem die Sätze in Schreibschrift stehen

| Laufdiktat |

Lernziel:

– Wörter aus dem Grundwortschatz genau lesen, einprägen und auswendig aufschreiben

Beschreibung:

Auf den Fensterbänken (Flur) liegen Wortkarten (Laufdiktat auch mit kurzen Sätzen oder Texten möglich.): Die Schüler prägen sich ein Wort ein, kehren zu ihrem Platz zurück und schreiben das Wort auf.
Mögliche Zusatzaufgabe:
Schwierige Stellen mit Buntstift nachspuren.

Kontrolle:

Überprüfung durch die Lehrkraft

3.3 Stationentraining (Jahrgangsstufe 3) Rechnen: Orientierung im Zahlenraum bis 1000

Stellung in der Lerneinheit

Dieses Stationentraining steht am Ende der Unterrichtssequenz zur Orientierung im Tausenderraum, und vor Beginn des Rechnens bis 1000. Es werden alle bekannten Formen der Zahlendarstellung wiederholt und in verschiedenen Übungen vertieft.

Vorbereitung und Durchführung

Alle im Zirkel verwendeten Materialien und Übungsformen sind den Kindern bekannt, da sie im Laufe der Sequenz im Unterricht schon an verschiedenen Stellen eingesetzt wurden. Die Schüler bleiben an ihren Gruppentischen sitzen und stellen „ihr" Übungsmaterial vor; die Lehrerin/der Lehrer erläutert die Differenzierungsangebote. Auf ein Zeichen hin beginnen die Schüler an „ihrer" Station und üben ca. acht Minuten bis zum vereinbarten Wechselzeichen. Bei diesem Stationentraining begleitet die Lehrerin schwächere Schüler.

Stationenübersicht

① Lottospiel (Partnerarbeit)	② Zahlenstreifen (Einzelarbeit)	③ Froschspiel (Partnerarbeit)
④ Zahlenwürfel (Einzelarbeit)	⑤ Partner-Klapp-Karte (Partnerarbeit)	⑥ Setzleiste (Einzelarbeit)

Stationenbeschreibung

Lottospiel

Lernziel:

– Zuordnung Zahl – Zahlwort

Beschreibung:

Jedes Schülerpaar erhält zwei Grundplatten mit Zahlwörtern, zu denen je ein Satz Zahlkärtchen gehört. Abwechselnd dreht ein Schüler ein verdeckt liegendes Zahlkärtchen um, liest die Zahl vor und jeder Mitspieler sucht auf seiner Platte, ob er das passende Zahlwort hat; wenn ja, darf er die Karte auf seine Grundplatte legen. Gewonnen hat das Kind, dessen Platte zuerst voll ist.

Kontrolle:

Partnerkontrolle

zweihundert- dreiund- vierzig	fünfhundert- einund- achtzig	einhundert- sechzehn	dreihundert
achthundert- zwei	vierhundert- vierzig	neunhundert- neunund- neunzig	achtund- achtzig
sechshundert- einund- dreißig	einhundert- vierzehn	vierzig	zweihundert

40	243
999	114
116	376

Lernziel:

– Ergänzen von Zahlenfolgen

Beschreibung:

Jeder Schüler erhält ein Blatt mit begonnenen Zahlenfolgen, die vervollständigt werden sollen.

Kontrolle:

Jede Zahlenfolge wird von einer Zielzahl beendet, die die Kinder erreichen müssen.

949	___ _____ ____ ____	958
504	____ _____	513
382	_____	391
444	_____	453
740	_____	749
128	_____	137

Froschspiel

Lernziel:

– Erkennen einer rhythmischen Reihe

Beschreibung:

Auf einem Bild ist der Weg, den ein Frosch springen will, mit drei Stationen vorgegeben. Die Kinder müssen nun herausfinden, welchen Abstand der Frosch jeweils einhält und ziehen dann abwechselnd von Zahl zu Zahl. Ist der Frosch am Teich angekommen, werden Start, Weg und Teich angemalt.

Kontrolle:

Partner

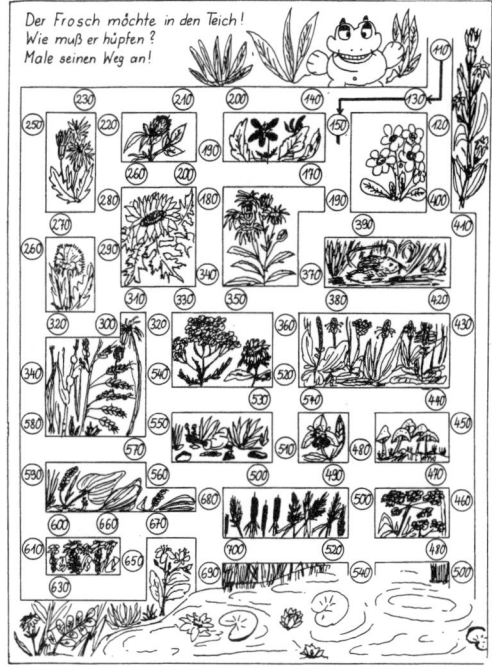

Der Frosch möchte in den Teich!
Wie muß er hüpfen?
Male seinen Weg an!

107

Lernziel:

– Stellenwerttraining

Beschreibung:

Die Schüler würfeln mit drei Würfeln, die jeweils mit

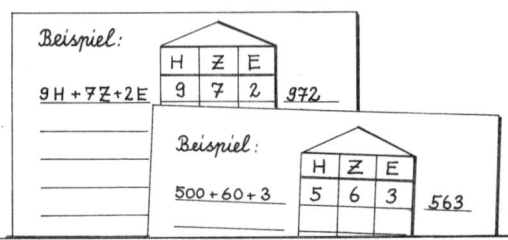

Hunderter-, Zehner- und Einerzahlen beklebt sind. Die erwürfelten Zahlen werden je nach Beispiel auf dem Arbeitsblatt neben und in der Stellenwerttafel notiert.

Kontrolle:

Lehrerkontrolle

Partner-Klapp-Karten

Lernziel:

Lesen und „Übersetzen" von Stellenwertangaben in Zahlen

Beschreibung:

Auf einer Karte sind links Zahlen in Stellenwertangaben und rechts in normaler Schreibweise notiert. Die Kinder falten die Karte und klemmen sie oben mit einer Klammer zu. Ein Kind liest die Stellenwertbeschreibung vor und nennt dazu die richtige Zahl; der Partner kann auf der umgeklappten Rückseite die Antwort kontrollieren. Erst nach Erledigung aller Arbeitsaufträge werden die Karten getauscht.

Kontrolle:

Siehe oben!

Setzleiste

Lernziel:

– Umwandeln verschiedener Zahldarstellungen in Ziffernschreibweise

Beschreibung:

Auf dem Gruppentisch liegen mehrere Sätze von acht bis zehn Karten mit verschiedenen Darstellungsformen der Zahlen bis 1000 sowie ein Körbchen mit kleineren Zahlenkärtchen. Je ein Kind entscheidet sich für einen Stapel und steckt diese Karten nebeneinander in die hintere Nut der Setzleiste. Anschließend sucht es sich aus den kleineren Karten die passenden Zahlen heraus und steckt sie vor die Aufgabenkarte in die vordere Nut.

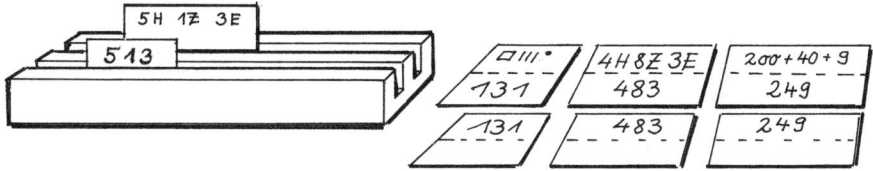

Kontrolle:

Auf dem verdeckten, unteren Teil der Aufgabenkarte steht die Lösungszahl, die mit der kleinen Karte vorne übereinstimmen muß.

3.4 Stationentraining (Jahrgangsstufen 1–4): Fächerübergreifender Wochenabschluß

Stellung in der Unterrichtseinheit

In vielen Klassen ist es üblich, am Freitag im Sitzkreis die vergangene Woche Revue passieren zu lassen.

Als eine attraktive Möglichkeit bietet sich ein Stationentraining an, in dem auf die einzelnen Schwerpunkte der Woche nochmals eingegangen wird.

Vorbereitung

Anhand des Wochenplans überlegt sich die Lehrkraft, auf welche Inhalte sie nochmals eingehen möchte. Dies kann auch gemeinsam mit den Schülern geschehen.

Da ein in dieser Form durchgeführtes Stationentraining in jeder Klasse anders abläuft, soll an dieser Stelle zur Verdeutlichung ein Beispiel aus einer dritten Jahrgangsstufe kurz skizziert werden.

Stationenübersicht

1. Station: Heimat- und Sachkunde

Während der Woche wurden im Heimat- und Sachkundeunterricht bekannte Gebäude des Ortes besprochen, einige dieser Gebäude hatten die Schüler im Rahmen eines Unterrichtsganges besichtigt.

An dieser Station sollten die Schüler einen zerschnittenen Ortsplan zuerst zusammenpuzzeln und dann versuchen, zu den mit Nummern markierten Stellen eine Legende zu schreiben.

2. Station: Deutsch/Lesen

Die Klasse las gerade als Ganzschrift das Kinderbuch „Fliegender Stern" von Ursula Wölfel. Aus diesem Buch hatte die Lehrerin einige markante Zitate herausgeschrieben. Die Schüler hatten die Aufgabe, die zitierten Stellen im Buch zu finden und den Sprecher zu identifizieren.

3. Station: Mathematik

An dieser Station lagen für die Schüler Rechenblätter (mit Selbstkontrollmöglichkeiten) zum aktuellen Unterrichtsstoff bereit.

4. Station: Musik

Im Musikunterricht hatten die Schüler einige Szenen aus „Die Moldau" von Friedrich Smetana gehört. An dieser Station, die sich auf dem Flur befand, hatten die Schüler Gelegenheit, die Gesamtaufnahme zu genießen. Gemeinsam sollten sie versuchen, bildliche Darstellungen der einzelnen Szenen in die richtige Reihenfolge zu bringen.

5. Station: Deutsch/Sprachbetrachtung

An dieser Station spielten die Schüler ein Memory, das sie zum Thema „Wortpaare" selbst im Unterrricht hergestellt hatten.

4. Ausblick

Eine weitere Öffnung des Unterrichts wird erreicht, indem den Schülern die Abfolge der Stationen und die (individuelle) Bearbeitungszeit freigestellt wird. Durch die hierbei angebahnte selbständige Arbeitsweise der Schüler kann die Arbeit mit Übungs- und Wochenplänen vorbereitet werden.

Anmerkung
Weitere Beispiele zum Stationentraining sind zu finden in:
Rettenmeier, E./Englberger, A.: Bausteine zur Öffnung des Unterrichts. In: Christ und Bildung 3/1991, S. 90 f.

HELENE HAAS

Erweiterte Wochenplanarbeit mit Lernprogrammen

Im Rahmen der erweiterten Wochenplanarbeit erhalten die Schüler Programme für die einzelnen Lernbereiche. Zur ihrer Erledigung stehen ihnen zwei bis vier Wochen Zeit zur Verfügung.
Anhand der nachfolgenden Leitgedanken versuche ich an Beispielen aus den verschiedenen Lernbereichen grundlegende Elemente meiner Arbeitsweise zu erläutern.

1. Lernbereich Mathematik

1.1 Methodische Vorüberlegungen

Jedes Mathematikprogramm ist in drei Bereiche, die steigenden Schwierigkeitsgrad aufweisen, gegliedert. Alle Schüler beginnen mit dem ersten Abschnitt; zu den folgenden darf nur übergegangen werden, wenn einige Aufgaben aus dem vorhergehenden Bereich richtig bearbeitet wurden.
Aus diesem Grunde ist für die Einstiegsphase eine Vielzahl von Aufgaben bereitzuhalten. Diese sollen einfach herzustellen sein, damit sich der Vorbereitungsaufwand in vertretbaren Grenzen hält. Verschiedene Schreibarbeiten können von den Schülern selbst übernommen werden. Schon nach kurzer Zeit fächern sich die Fortschritte auf. Die Folgesysteme müssen nicht mehr in der gleichen Vielfalt vorhanden sein. Deshalb können hier auch Arbeitsmittel eingesetzt werden, die durch Anschaulichkeit Lernhilfen bieten und in der Erstellung aufwendiger sind.
Der letzte Bereich enthält die schwierigsten Aufgaben. Diese sollen hohen Motivationscharakter haben und werden deshalb in spielerischer Form angeboten. Oft mobilisieren auch schwache Rechner alle ihre Kräfte, um sich an diesen „Spielen" beteiligen zu dürfen.
Schüler, die das komplette Programm durchgearbeitet haben, erhalten Zusatzaufgaben, mit denen sie sich Meriten als „Textaufgabensieger" verschaffen können. Anschließend darf jeder Schüler im Vorgriff mit einem Folgeprogramm arbeiten, für das er später als „Experte" eingesetzt wird (vgl. Programmübersicht – Abb. 1).

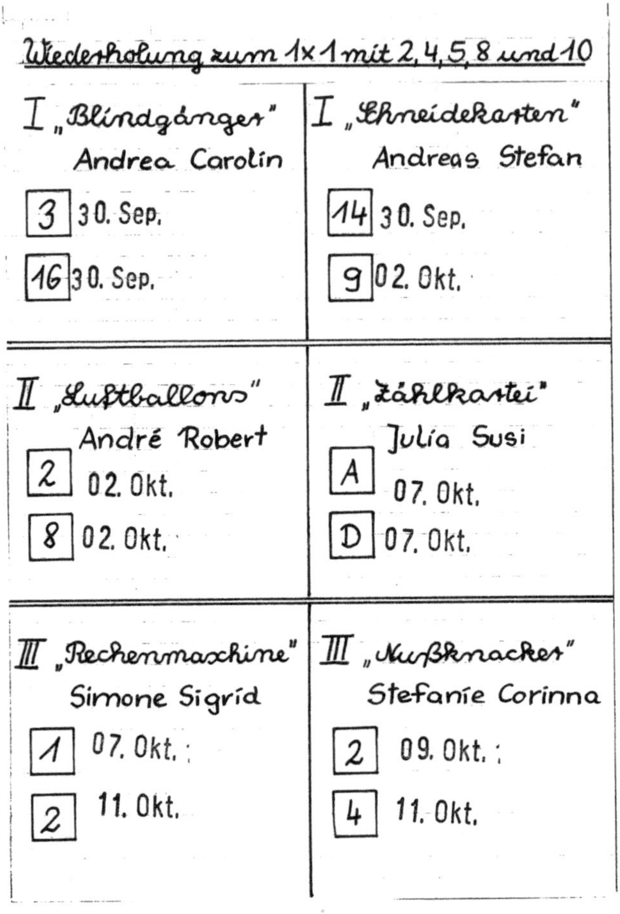

Wiederholung zum 1×1 mit 2, 4, 5, 8 und 10

I „Blindgänger" Andrea Carolin **3** 30. Sep. **16** 30. Sep.	I „Schneidekarten" Andreas Stefan **14** 30. Sep. **9** 02. Okt.
II „Luftballons" André Robert **2** 02. Okt. **8** 02. Okt.	II „Zählkartei" Julia Susi **A** 07. Okt. **D** 07. Okt.
III „Rechenmaschine" Simone Sigrid **1** 07. Okt. **2** 11. Okt.	III „Nußknacker" Stefanie Corinna **2** 09. Okt. **4** 11. Okt.

Abb. 1

Die nachfolgenden organisatorischen Hilfen erleichtern der Lehrkraft in allen Arbeitsphasen den Überblick über das von jedem Schüler individuell erledigte Pensum:

– Prägnante Begriffe (Blindgänger, Nußknacker) erleichtern die Unterscheidung der Lernmaterialien.
– Das Programm mit dem Titel der zu bearbeitenden Aufgaben trägt jeder Schüler in sein Heft ein. Zusätzlich werden die Namen von zwei „Experten" aufnotiert. An diese wenden sich Schüler, die zu Aufgaben Fragen haben.
– Tagesstempel markieren den jeweiligen Stand der Arbeit. Diese wer-

den durch zuverlässige Schüler vergeben. Der „Stempeldienst" kontrolliert anhand von Lösungsheften die Aufgaben, die mit Nummern versehen sind.

1.2 Praktische Realisierungsmöglichkeiten am Beispiel „Einmaleinswiederholung"

Einfach herzustellendes Lernmaterial für den Einstieg (Stufe I):

● *Beispiel „Blindgänger"*

Für dieses Lernsystem stellen die Schüler die Aufgaben selbst her, indem jeder fünf Einmaleinsreihen notiert, die jeweils eine falsche Angabe enthalten (Abb. 2). Diese „Blindgänger" gilt es zu finden und durch die richtigen Zahlen zu ersetzen. Wer alle fünf Ergebnisse richtig hat, bekommt in seinem Programm hinter die betreffende Nummer einen Stempel (vgl. Abb. 1). Die Vorbereitungsarbeit beschränkt sich darauf, die Einmaleinstabellen zu überprüfen, durchzunumerieren und die gesuchten Angaben in einem Lösungsheft zu notieren, damit die Kontrolle erleichtert wird.

Bei jeder Einmaleinsreihe gibt es einen „Blindgänger".
Suche diesen und ersetze ihn durch die richtige Zahl!

③ a	b	c	d	e
2	4	5	8	10
4	8	10	16	15
6	12	15	24	30
8	16	20	32	40
10	20	24	40	50
12	24	30	48	60
14	26	35	54	70
15	32	40	64	80
18	36	45	72	90
20	40	50	80	100

Abb. 2

● *Beispiel „Schneidekarten"*

Im Rahmen einer freiwilligen Hausaufgabe notieren Schüler eine Reihe von Einmaleinsaufgaben mit den entsprechenden Ergebnissen. Die Eltern bestätigen durch ihre Unterschrift deren Richtigkeit. Die Ergebnisse werden durch Falten zugedeckt (mit Heftklammern sichern); anschließend werden die Blätter von der Lehrkraft mit Nummern versehen und in passende Behälter gegeben.

In den freien Arbeitsphasen schreiben die Schüler die Lösungen auf das gefaltete Deckblatt. Der „Stempeldienst" nimmt die Klammern ab, überprüft die Ergebnisse auf deren Richtigkeit und stempelt das Aufgabenfeld „Schneidekarten". Die Lösungsleiste wird abgeschnitten und das Blatt neu gefaltet, so daß dieses von anderen Schülern wiederverwendet werden kann.

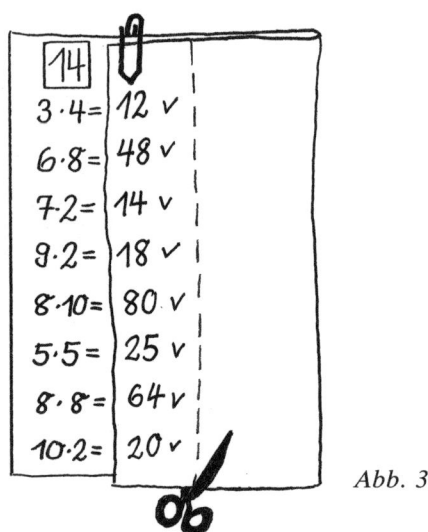

Abb. 3

Anschauliche Materialien als Voraussetzung für Lernfortschritte (Stufe II):

● *Beispiel „Luftballons"*

Diese Karten entstehen aus Einmaleinstabellen, aus denen jeweils ein anderer Ausschnitt ausgewählt wird. Die Luftballons verdecken einzelne Angaben. Da aber Teile der Einmaleinsreihen zu sehen sind, können durch Addition oder Subtraktion der Einmaleinszahl das verdeckte Ergebnis und damit die dazugehörige Aufgabe gefunden werden. Beim Umgang mit diesen Tabellen üben die Schüler den Rückgriff auf leicht zu merkende Einmaleinsaufgaben als Lösungshilfe, indem sie beispielsweise die Aufgabe 9 × 4 durch die Minusrechnung 40 − 4 ersetzen.

Nr. 2

ⓐ	10	12	●	●	18	●
	15	18	21	24	27	30
ⓑ	20	24	28	●	●	40
ⓒ	●	●	35	40	●	50
	30	36	42	48	54	60

Abb. 4

● *Beispiel „Zählkartei"*

Die „Zählkartei" baut auf dem Prinzip der Inversion (Umkehrbarkeit der Rechenoperationen) auf. Jeder Schüler arbeitet mit einem eigenen Kartensatz.

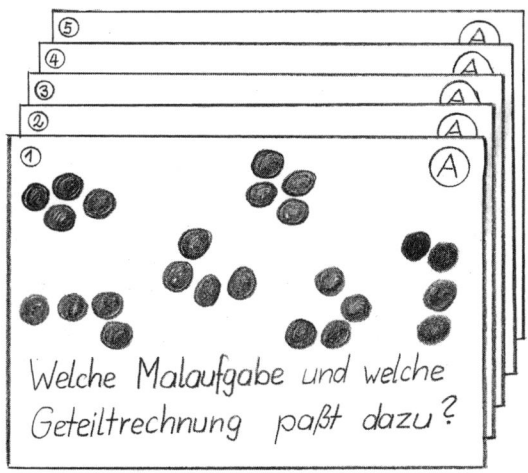

Welche Malaufgabe und welche Geteiltrechnung paßt dazu?

Abb. 5

Lernspiele zum Erhalt der Motivation (Stufe III):

- *Beispiel „Rechenmaschine"*

Bei der „Rechenmaschine" handelt es sich um kleine Holzkästchen, an deren Unterseite sich ein Schlitz befindet. Diese können entweder selbst hergestellt oder als „Lesemaschine mit Chips" käuflich erworben werden. Durch die Betätigung eines Schiebers wird die unterste Karte des Stapels mit einer Aufgabe sichtbar. Zwei Schüler treten gegeneinander an. Wer zuerst das richtige Ergebnis findet, darf die Karte herausziehen und behalten. Vorher muß diese umgedreht und die Lösung mit der Zahl auf der Rückseite verglichen werden. Ist die Lösung falsch, so muß eine der eigenen Karten wieder zurückgegeben werden. Wer zehn Karten hat, bekommt einen Stempel.

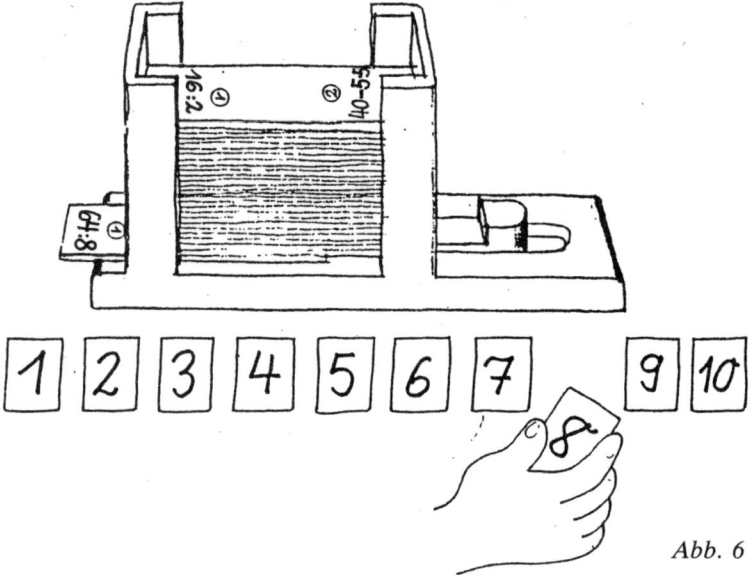

Abb. 6

- *Beispiel „Nußknacker"*

Beim „Nußknacker" hält jeder Teilnehmer in beiden Händen je eine Haselnuß. In der Mitte liegt ein Stapel mit Aufgabenkarten. Rundherum stehen zehn Schälchen mit den Ergebniszahlen von eins bis zehn. Bei der Aufgabe 42 : 8 beispielsweise sind die zwei Nüsse in die Schalen 5 und 2 zu legen. Wer beide Nüsse abgelegt hat, dreht die Karte um und vergleicht

116

das Ergebnis. Stimmt es, kann er diese behalten, anderenfalls muß er eine seiner Karten abgeben. Wenn eine Nuß einmal in einem Schälchen liegt, darf sie nicht mehr herausgenommen werden. Dadurch wird gewährleistet, daß jeder genau überlegt, bevor er ein Ergebnis plaziert. Wer zehn Karten erworben hat, darf sich wiederum einen Stempel abholen.

Abb. 7

2. Lernbereich Deutsch

2.1 Methodische Vorüberlegungen

Während im Fach Mathematik durch geschickten Einsatz entsprechender Lernmaterialien viele Aufgaben mündlich oder halbschriftlich bewältigt werden können, nimmt im Fach Deutsch das Niederschreiben von Lösungen breiten Raum ein. Gerade diese Schreibarbeit scheuen aber viele Schüler. Bei der Erstellung eines Programms für diesen Lernbereich sind lernpsychologische Forderungen in besonderem Maße zu beachten, damit die Lernfreude und die Anstrengungsbereitschaft erhalten bleiben.

Daneben dürfen grundlegende Ziele des Deutschunterrichts nicht vernachlässigt werden. Spracharbeit soll immer auf eine Erweiterung des Wortschatzes hinzielen.

Da viele Schüler – wie empirische Untersuchungen immer wieder belegen – zu wenig lesen, müssen alle Möglichkeiten genutzt werden, die Lesefreude zu wecken.

Beim Rechtschreiben ist die häufigste Fehlerquelle bei Grundschülern die Groß- und Kleinschreibung. Diesbezügliche Fehler sind auf die mangelhafte Kenntnis der Funktionen von Substantiven, Verben und Adjektiven zurückzuführen. Abhilfe kann nur eine regelmäßige Übung der Wortarten schaffen. Themen der Sprachbetrachtung dürfen nicht isoliert behandelt werden, sondern sind in Beziehung zu den anderen Teilbereichen des Deutschunterrichts zu setzen (integrativer Deutschunterricht).

Die Übersicht über das nachstehende Programm geht aus den Teilüberschriften hervor; es versucht, die vorstehend genannten Grundsätze in die Praxis umzusetzen.

2.2 Praktische Realisierungsmöglichkeiten am Beispiel „Wortarten"

Anknüpfung an die Interessen der Schüler

● *Beispiel „Freizeitwörter"*

Als Hausaufgabe zeichnet jeder ein Bild von seiner Lieblingsbeschäftigung und schreibt drei Sätze als Erklärung darunter. Diese Zeichnungen werden auf Karton aufgeklebt, die Erläuterungen sprachlich verbessert und als Lückentext auf die Rückseite geschrieben. Die fehlenden Verben sind in der Grundform unten angegeben. Aufgabe der Schüler ist es, den Text abzuschreiben, die entsprechenden Zeitwörter richtig einzusetzen und diese durch Unterstreichen hervorzuheben.

Jeder Schüler ist stolz auf „seine" Karte (foliert) und neugierig auf die der anderen. Deshalb wird erfahrungsgemäß eine größere Anzahl von Karten freiwillig bearbeitet als vorgesehen. Beim Einsetzen in den Lückentext beschäftigen sich die Schüler mit der angegebenen Grundform des Verbs und erkennen den logischen Zusammenhang mit der akustisch schlecht wahrnehmbaren Konsonantenverdoppelung (rennt, schwimmt).

Rückseite der Karte:

Corinna _____ gerne das Buch von der Maus.

Sie _____ auf ihrem Drehstuhl.

Auf dem Tisch _____ ein Glas Limonade.

Das ist die Grundform der Zeitwörter:

lesen   sitzen   stehen

Schreibe den Text ab und setze die Zeitwörter
richtig ein!

Abb. 8

Weckung der Lesefreude

- *Beispiel „Max und Moritz"*

Ein kartoniertes Bilderbuch „Max und Moritz" wird in Einzelseiten zerlegt. Auf den hierdurch entstandenen Aufgabenkarten werden jeweils acht Wörter hervorgehoben, deren Wortart zu erkennen ist. Da der Dichter das erste Wort am Anfang einer neuen Verszeile immer groß schreibt, müssen die Schüler genau prüfen, ob es sich dabei jeweils um ein Substantiv handelt.

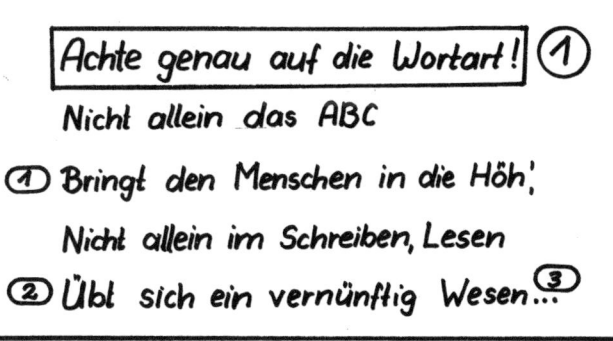

Abb. 9

Einbeziehung von Rechtschreibübungen

- *Beispiel „Großbaustelle"*

Die Unterscheidung von Verben und verwandten Substantiven fällt Grundschülern besonders schwer. Durch die Assoziation mit „Hammer" schreiben beispielsweise viele auch „hämmern" groß. Das „Gestell" dagegen erinnert an „stellen" und wird deshalb häufig klein geschrieben.
Solche Denkfehler können den Kindern durch bildliche Darstellungen einprägsam verdeutlicht werden. Einzelne Ausschnitte aus Bilderbüchern werden in Teile geschnitten und auf der Rückseite mit verwandten Verben und Substantiven beschriftet. Eine Kopie des Originals auf der linken Seite der Aufgabenkarte zeigt die Ausgangssituation.
Die Schüler sollen die Namen der abgebildeten Gegenstände bzw. der dargestellten Tätigkeiten erraten. Als Lösungshilfe liegen die gesuchten Begriffe als Puzzle ungeordnet daneben. Wer passende Wörter (Beißzange – beißen, Gestell – stellen) gefunden hat, darf die Puzzlestücke rechts auflegen und umdrehen. Dadurch entsteht Stück für Stück die

abgebildete Vorlage (farbig); – zugleich verschwinden die Lösungen. Diese sind anschließend aus dem Gedächtnis aufzuschreiben. Zum Schluß werden die Karten wieder umgedreht und Wort für Wort verglichen. Die Fehlerverbesserung kann anschließend selbständig durchgeführt werden.

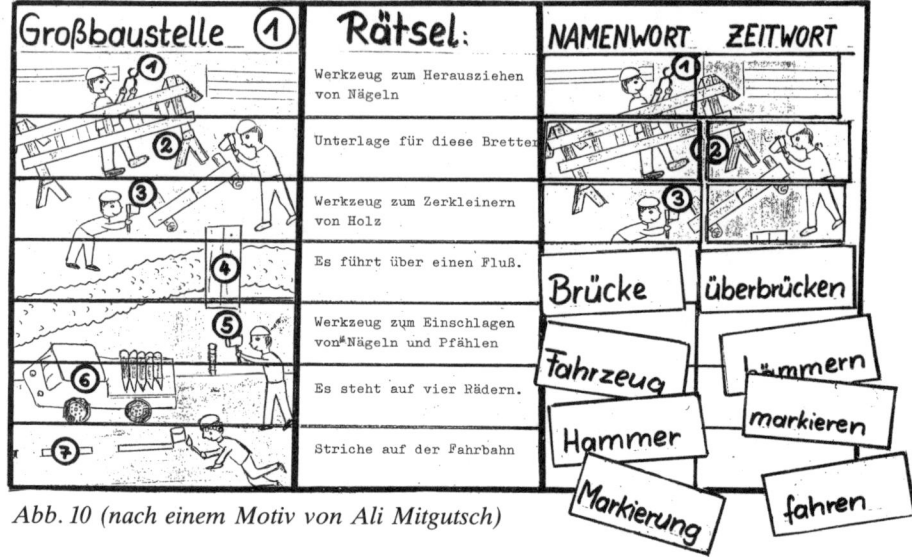

Abb. 10 (nach einem Motiv von Ali Mitgutsch)

Verbesserung des Aufsatzstils

● *Beispiel „Kater Otto"*

Die Qualität von Kinderaufsätzen leidet gehäuft unter der monotonen Aneinanderreihung von Satzverbindungen, die vor allem aus Substantiven und Verben bestehen. Geschichten, in denen die Gefühlslage der handelnden Personen durch treffende Adjektive geschildert wird, wirken unterhaltsam und lebendig. Um den aktiv verfügbaren Wortschatz bei den Schülern zu erweitern, wird geeignetes Wortmaterial bereitgestellt, das z. B. zu den Vater-Sohn-Geschichten oder zu modernen Cartoons aus Minibüchern paßt. Das Beispiel (Abb. 11) ist frei nach einem Abenteuer von „Max, dem Murmeltier, über das die Welt schmunzelt" (Giovannetti, Heyne Verlag, München) gezeichnet. Das Kind soll Wortkarten mit passenden Adjektiven oder Verben dazulegen. Dazu muß es den Gesichtsausdruck des Tieres und seine Stimmung genau beobachten. Wenn alle Karten aufgelegt sind, werden diese zur Kontrolle umgedreht. Farbige

Punkte auf der Rückseite zeigen, ob alles richtig ist oder ein Tausch vorgenommen werden muß.

Zum Schluß wird mit Hilfe der zu den Bildern zugeordneten Begriffe eine kleine Geschichte geschrieben. Diese könnte so beginnen:

Otto auf Gespensterjagd

Gespannt lugt Otto um die Ecke. Er hat ein Gespenst entdeckt. Blitzschnell saugt er den Geist mit seinem Staubsauger ein. Zufrieden zieht er den Stecker heraus... (Übung von Adverbialien am Satzanfang zur Verbesserung des Satzbaus.)

Abb. 11

Behandlung von Wortmaterial im Kontext

● *Beispiel „Reisender Zoo"*

Wilde Tiere faszinieren Grundschüler immer wieder. Ein Zirkusprogrammheft kann das Ausgangsmaterial für Sprachspiele liefern, die den Wortschatz vergrößern und einen besonderen Motivationsschub zum Abschluß des Programms darstellen. Auf den Spielplan werden Zirkustiere aufgeklebt. Daneben findet der Schüler kontextbezogenes Wortmaterial.

Beim Löwen beispielsweise ist zu lesen: gefährlich, lauert, kauert, Löwen-
mähne usw.

Zwei Kinder treten jeweils gegeneinander an. Ein Spieler erhält blaue,
der andere rote Klötzchen mit den Aufschriften NW, ZNW, ZW oder EW
(für Namenwort, Zusammengesetztes Namenwort, Zeitwort und Eigen-
schaftswort). Die beiden Schüler legen abwechselnd ihre Klötzchen auf
die passenden Wörter. Zum Schluß verwenden sie eine Lösungskarte zur
Überprüfung. Falsch gesetzte Klötzchen werden weggenommen, die richtigen gezählt und der Sieger ermittelt. Nur dieser erhält einen Stempel.
Der Verlierer sucht sich einen neuen Partner.

Abb. 12

3. Lernbereich Heimat- und Sachkunde

3.1 Methodische Vorüberlegungen

Im Heimat- und Sachkundeunterricht ist die unmittelbare Begegnung und Auseinandersetzung mit der Wirklichkeit Grundlage der Erfahrungsbildung. Wenn Schüler selbständig mit Landkarten, Modellen, Geräten und Naturobjekten umgehen dürfen, wird die kindliche Neugierde angesprochen. Selbständiges und verantwortliches Handeln setzt die Beherrschung von Grundtechniken voraus. Informationen aus Sachbüchern können nur entnommen werden, wenn der Umgang mit Inhaltsverzeichnissen und Nachschlagewerken beherrscht wird. Auch genaues Beobachten will gelernt sein.

Jedes Programm enthält eine Anzahl von Aufgaben; diese schärfen den Blick der Kinder für Einzelheiten und zielen auf selbständige Informationsgewinnung und -auswertung ab.

3.2 Praktische Realisierungsmöglichkeiten am Beispiel „Singvögel"

Das nachfolgend erläuterte Programm „Singvögel" soll exemplarisch aufzeigen, wie die Beherrschung fachspezifischer Arbeitsweisen angebahnt und zugleich Interesse an Naturphänomenen geweckt werden kann.

Nachschlageübung

- *Beispiel „Bio-Findefix"*

Der Auftrag, aus Büchern Abbildungen von Tieren herauszusuchen, spricht den kindlichen Entdeckungstrieb an. Unterschiedliche Aufgabenkarten fordern die Schüler auf, vorgegebene Gruppen von Singvögeln zu suchen. Hierzu ist der richtige Gebrauch des Inhaltsverzeichnisses unerläßlich.

```
Vögel des Waldes                                        (1)

Suche in der Broschüre "Schützen und leben lassen"
folgende Tiere: Buntspecht, Schwarzspecht, Fichten-
                        kreuzschnabel, Kuckuck, Blaumeise

Tip: Das Inhaltsverzeichnis hilft dir. Gib die Seite an!
```

Abb. 13

Auswertung von Beobachtungen

• *Beispiel „Vögel im Bild"*

Einen Einblick in die Lebensweise von Singvögeln erhalten die Kinder durch Bilder (Poster, Kinderzeitschriften). Die dazugehörigen Aufgabenkarten enthalten Hinweise zum genauen Beobachten, zur Beschreibung und Reflexion sowie auf Sachbücher, die notwendige Zusatzinformationen liefern.

Eine Karte zeigt beispielsweise ein Nest mir vier Jungvögeln. Drei davon sperren den Schnabel auf, das vierte Vogeljunge scheint zu schlafen. Die Aufgabenkarte enthält Hinweise und Fragen zu diesem Bild, welche den Schülern die Bedeutung des „Sperrens" bei Nestlingen klarmachen. (Kranke und tote Jungvögel werden aus dem Nest geworfen, damit sie die gesunde Brut nicht anstecken.)

Beobachte das Braunkehlchennest genau!

1. Welche Jungen werden gefüttert?
2. Warum verhält sich das 4. Junge anders?

   a) vielleicht _____

   b) vielleicht _____

3. Was geschieht mit dem 4. Jungen, wenn es sich längere Zeit so verhält?
   Schau im Buch "Der Natur auf der Spur" unter dem Stichwort "Ein Naturgesetz" nach!

Abb. 14

Freude an der Naturbegegnung

• *Beispiel „Versuche"*

In Schachteln und Gefäßen finden Schüler Vogelfedern und -nester, Fichtenzapfen mit Fraßspuren, Eierschalen und Hühnereier mit einer genauen Anleitung für die Vorbereitung, Durchführung und Auswertung eines einfachen Versuches.

Das Vogelei - 2. Versuch

Du brauchst: zwei Hühnereier
ein großes Gefäß mit Wasser
Knaurs Jugendlexikon

Wenn man Zwillinge nicht voneinander unterscheiden kann,
sagt man: "Die gleichen sich wie ein Ei dem anderen."

1. Sehen die Hühnereier wirklich vollkommen gleich aus?
   Beobachte genau! Schreibe Unterschiede auf!

Eine Gemeinsamkeit haben sie auf jeden Fall: Jedes Ei hat
ein dickes Ende.

2. Lege erst das eine Ei vorsichtig in ein Wassergefäß,
   dann das andere!
   Schreibe auf, welche Seite nach oben schaut!

3. Schau in "Knaurs Jugendlexikon" unter dem Stichwort "Ei"
   nach. Dort findest du ein Bild. Dieses zeigt dir, was in
   dem dicken Ende drin ist!
   Schreibe die betreffende Seite im Lexikon und die Antwort
   auf!

Abb. 15

ROSWITHA BOLVANSKY

Halten und Loslassen – Freiarbeit nach Maria Montessori in der Regelschule

„Eine offene Gesellschaft, die wir als liberal-demokratische wohl unweigerlich darstellen, braucht auch in ihrem institutionellen Erziehungsrahmen soviel Offenheit, daß sie zumindest strukturell eine Vorbereitung auf Zukunft zu leisten beansprucht." (Czerwenka 1992, S. 10)
Einen möglichen Weg hierzu sehe ich in der Freiarbeit nach Maria Montessori, die außer einem Erziehungskonzept auch Material von einzigartiger Systematik zusammenstellte. Das Schaubild versucht, die Kernelemente aufzuzeigen (vgl. bzgl. Primärliteratur das Literaturverzeichnis):

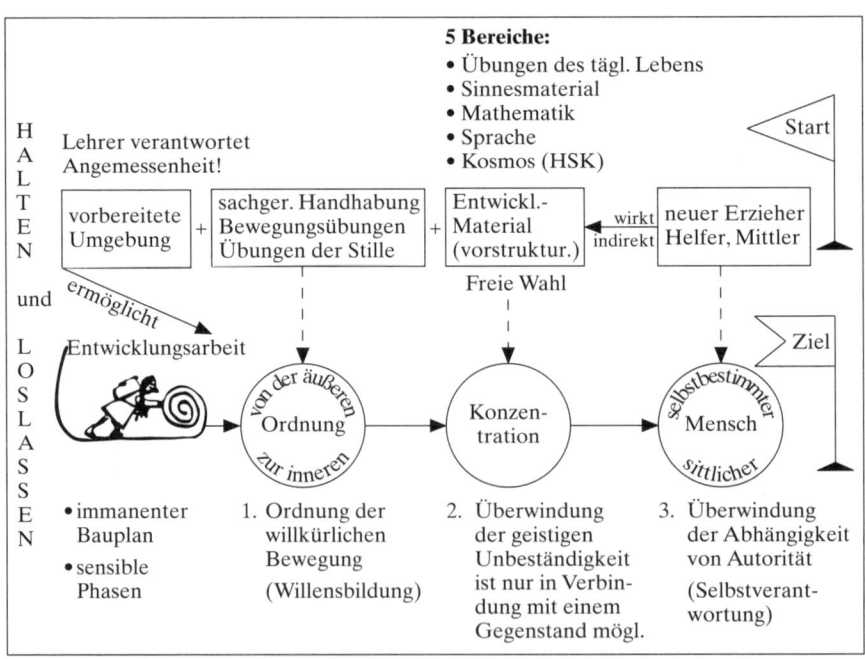

(Bolvansky u. a. 1991, S. 13)

126

A) Grundsätzliches zum Material

Montessorimaterial ist vorstrukturiertes Erfahrungsmaterial und hat daher einen besonderen didaktischen Ort. Es steht *vor* der Begriffsbildung, Strukturierung und Kategorisierung, deren sich der Lehrer allerdings auch hier nicht entziehen darf. Dies kann individuell oder mit der ganzen Klasse erfolgen. Die Kinder wissen durch die vorhergegangene Handlung, wovon der Lehrer spricht.

Für die Arbeit in der Regelschule modifizierte ich das Material einmal aus Kostengründen, zum anderen aus Gründen der Adaption an den bestehenden Lehrplan und an heutige Erkenntnisse. Überall versuchte ich jedoch, die Forderungen Montessoris an ihr Entwicklungsmaterial zu beachten:

---

1. Das Material soll *ästhetisch* sein – Aufforderungscharakter.
2. Es soll jeweils *nur einen neuen Abstraktionsschritt* enthalten – entdeckendes Lernen, lehrgangsmäßiger Aufbau.
3. Es soll *multivariabel* einsetzbar sein – Unterbinden von Konsumverhalten, Kreativitätsförderung.
4. Es soll *möglichst viele Sinne* beanspruchen (außer beim Sinnesmaterial – Konzentration auf einen Sinn, um ihn zu schulen) – ganzheitliche Förderung.
5. Es soll die *Fehlerkontrolle immanent* enthalten – Entwicklung zur Selbständigkeit, Selbstverantwortung, Unabhängigkeit.

Montessori beobachtete, daß bei Kindern Konzentration nur in Verbindung mit einem Gegenstand möglich ist. Sie verwendete oft reale Dinge aus der Umwelt des Kindes. Durch den Wandel der Zeit verlor sich etwas dieser Realbezug. Auch deshalb hielt ich es für angebracht, das Material zu modifizieren.

Vereinzelt kann das Material auch noch in der Sekundarstufe I eingesetzt werden, z. B. der Rechenrahmen: Mehrere nebeneinander verdeutlichen, daß das System H (Hunderter), Z (Zehner), E (Einer) immer gleich bleibt:

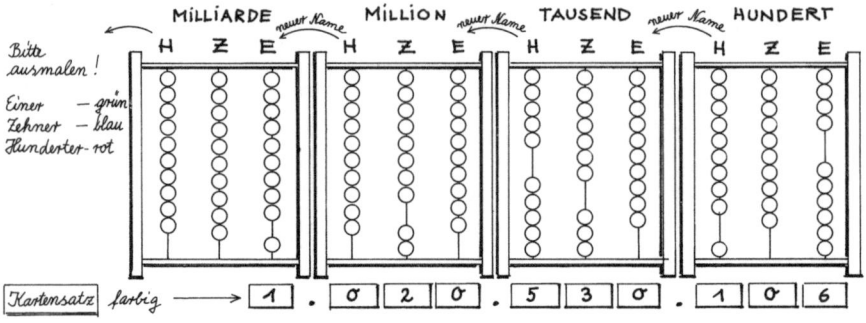

B) Besonderheit des Materials – Exemplarisch dargestellt

Vertikaler Gebrauch (verschiedene Übungen an einem Gegenstand)
Beispiel aus dem Bereich Mathematik: Die Numerischen Stangen

1. Längenvergleich (Treppe legen)
   (mit der Hand entlangstreichen)

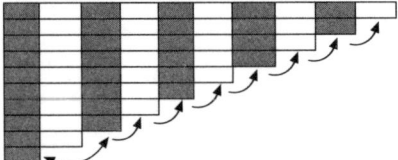

Kontrolle: Einerstab anlegen

2. Längenvergleich (senkrecht)
   Einführung ⓵ ⓶

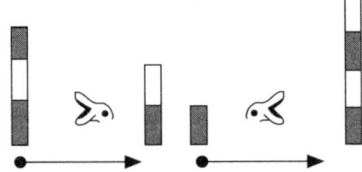

Prinzip: von links nach rechts

3. Zählen
   (über Körpermitte **greifen**)

4. Numerieren
   (Ziffern legen)

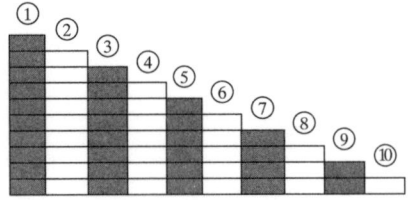

128

5. Addition (Zehnerteppich)
   Ergänzen auf 10

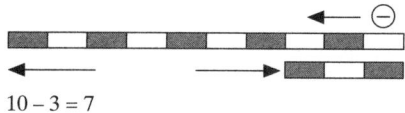

]10
]9+1
]8+2
]7+3
]6+4
5+?

6. Addition
   Einführung des = Zeichens

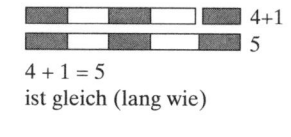

4+1
5

4 + 1 = 5
ist gleich (lang wie)

7. Subtrahieren
   Umkehraufgaben zur Addition

← ⊖

10 – 3 = 7

8. Zehnerschritte
   Analoge Aufgaben zu 1 bis 7

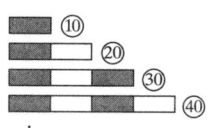

⑩
⑳
㉚
㊵
⋮

1. Ästhetik

Größe und Farbe fördern aktiven und wiederholten Gebrauch.

2. Entdeckendes Lernen

Die farbig unterteilten Abschnitte fordern zum Zählen auf, verschiedene Längen zum Ordnen. Entdecken der „Treppe": immer + 1 bis zur nächsten Zahl. Entdecken der unterschiedlichen Anwendungsmöglichkeiten: erzählen, vergleichen, numerieren, addieren, subtrahieren

3. Multivariabilität

Entwicklungsmaterial:
– Das Kind kann im eigenen Tempo und Lernstil arbeiten.
Diagnosematerial:
– Auffinden von Schwierigkeiten in Motorik und Koordination durch Beobachtung.

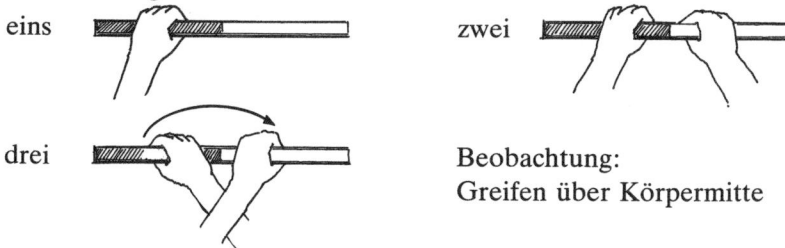

eins

zwei

drei

Beobachtung:
Greifen über Körpermitte

– Auffinden von Wissenslücken durch Zurückgehen in der Materialreihe.

Übungsmaterial:
- Es darf so lange mit einem Material geübt werden, bis das Kind sicher ist.
- Das Material steht ständig zur Wiederholung bereit.

4. Ganzheitliches Lernen

Ästhetik: limbisches System (Motivation)
Größe: optisches Erfassen
Gewicht: Muskelsinn
Abschnitte greifen: Tastsinn
Zahl benennen: Abstraktion (Verstand)

5. Materialimmanente Fehlerkontrolle

Anlegen der Einerstange (+ 1 zur nächsten Zahl)
Gleiche Länge von 4+1 und 5er-Stange

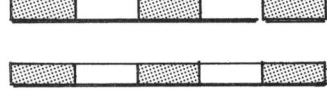

Horizontaler Gebrauch (Wiederkehr in verschiedenen Materialien)
Beispiel aus dem Bereich Sprache: Tunwortsymbol

1. Einführung des Tunwortsymbols

Das Namenwort (Symbol ▲) ist bekannt. Die Kinder erhalten den Auftrag: Bringe mir einen Hut. (Legen von Gegenstand, Wortkarte und Symbol). Bringe mir lachen. – Geht nicht. Aber wir können es tun! Alle lachen. Der Lehrer schreibt die Wortkarte „lachen". Er deutet auf das Namenwortsymbol und macht ein fragendes Gesicht. Das ist kein Namenwort. Wie können wir es nennen? Tunwort. Wir brauchen ein anderes Symbol zum Unterscheiden. Vorzeigen: ◯ (rot)

Übung: Jedes Kind hat ein Namenwort- und ein Tunwortsymbol. Der Lehrer nennt Beispiele, die Kinder heben die Symbole.

2. Sichern der Funktion des Tunworts: Pantomime

Unter einem Tuch sind Tunwortsymbole versteckt, auf denen je eine Tätigkeit geschrieben steht. Die Kinder sitzen im Kreis um das Tuch. Ein Kind holt ein Symbol, liest versteckt, führt die Tätigkeit als Pantomime aus. Wer das Wort richtig errät, darf das nächste Wort holen.

3. *Konjugieren: Tunwortuhr*

Auf dem Zeiger steht nur der Wortstamm. Fehler sind nicht möglich, deshalb auch gut geeignet für Deutsch als Fremdsprache.

4. *Wortbestimmung im Satz*

Auf den gefalteten Wortkarten stehen nur bekannte Wortarten! Legen der Symbole unter den Satz. Kontrolle: Karteninnenseite

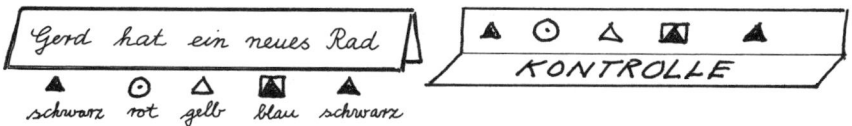

5. *Leserolle zur Einprägung der Wortarten* (Symbol und Funktion)

Auf eine Rohrisolierung fortlaufend gleichstrukturierte Sätze schreiben. Nach Wortart zerschnitten auf eine Halterung für Küchentücher stecken, die Wortsymbole auf die Halterung kleben. Beim Lesen ergeben sich herrliche Unsinnsätze.

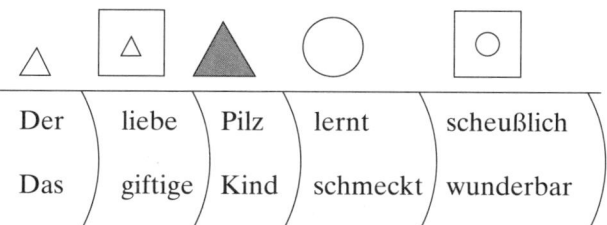

Der	liebe	Pilz	lernt	scheußlich
Das	giftige	Kind	schmeckt	wunderbar

6. Satzerweiterung

Die zentrale Stelle des Verbs soll auf spielerische Art bewußt werden. (Lehrer- oder Partnerkontrolle)

Das rote Tunwortsymbol wird in die Mitte gelegt. Ein Kind denkt sich ein Tunwort aus, das auf den Kreis geschrieben wird.

Nun werden die Fragepfeile angelegt und jeweils ein Kind denkt sich die Antwort aus. Am Schluß wird die ganze Geschichte erzählt (evtl. nach System „Kofferpacken" arbeiten).

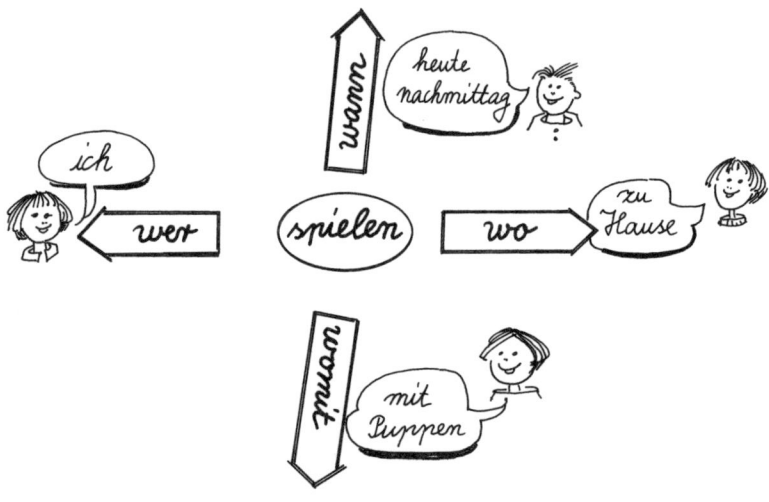

7. Satzzerlegung (Satzkarussell)

Außer dem vorhergehenden Material liegen ein doppelt geschriebener Satz und eine Schere bereit (Lehrerkontrolle). Ein Satz wird abgeschnitten und zur Kontrolle nach oben gelegt. Aus dem zweiten Satz wird zuerst das Tunwort geschnitten und auf das Tunwortsymbol gelegt. Mit Hilfe der Fragepfeile werden die Satzteile ermittelt, ausgeschnitten und angelegt (siehe oben!). Nun können rund ums Tunwort Sätze mit je gleichem Inhalt, aber unterschiedlichem Anfang, oder Frage- und Ausrufesätze gefunden werden. (Stellung des Tunwortes mit Symbol markieren!)

Ich spiele heute nachmittag zu Hause mit Puppen.

Heute nachmittag spiele ich zu Hause mit Puppen.

Spiele ich heute nachmittag zu Hause mit Puppen?

C) Grundstock an Material – lehrgangsmäßig aufgebaut

Nicht irgendwann irgendwas, weil es schön ist. „Kinder brauchen auch die Einbindung, die Gewöhnung, das Ritual und den gleichmäßigen Prozeß... Die Bildungsforderung nach bedeutsamen Inhalten gilt auch für den Offenen Unterricht" (Czerwenka 1992, S. 10).

Die hier vorgestellten, in Anlehnung an das Montessorimaterial modifizierten Arbeitsmittel sind inclusive schöner, stapelbarer Aufbewahrungskästen aus Holz und Handbuch (mit Hinweisen für Selbsthersteller) im Handel erhältlich (Bezugsquelle siehe Anhang). Sie betreffen die Kulturtechniken Mathematik und Sprache und können beliebig ergänzt werden (vgl. hierzu auch: Akademie für Lehrerfortbildung Dillingen 1991).

I. Sinnesmaterial (Merkmalunterscheidung und Relation)

1. Geometrische Körper (Formunterscheidung)
2. Rauhe und glatte Karten (Tastsinn)
3. Kasten mit Stoffen (Tastsinn)

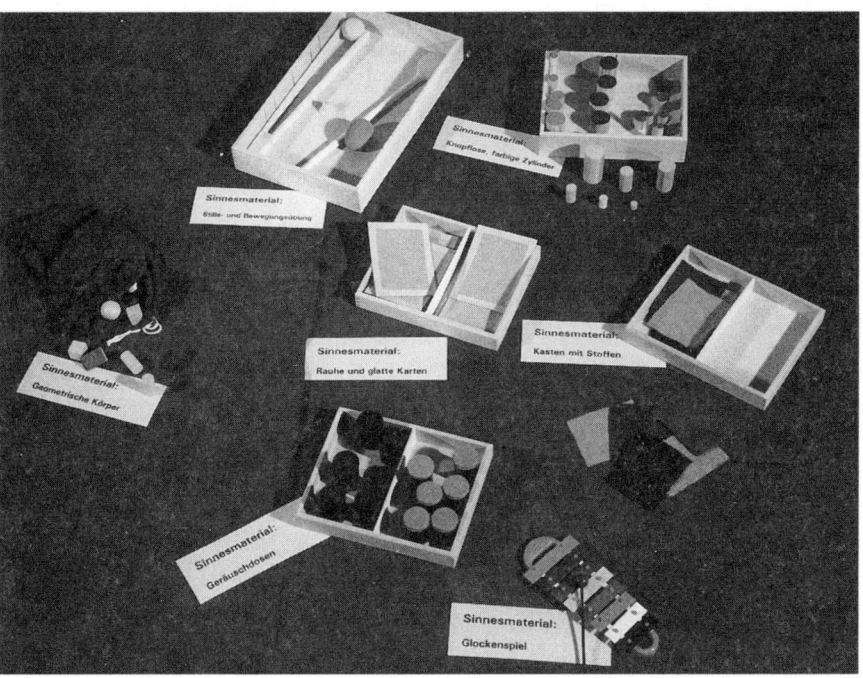

4. Geräuschdosen (Gehörsinn: laut – leise)
5. Glocken [farbig] (Gehörsinn: hoch – tief)
6. Farbige Zylinder (Unterscheiden von Dimensionen)
7. Auge-Hand-Koordination

Mit den Materialien Nummer eins bis sechs wird Merkmalunterscheidung (Gegensätze und Paare) und Relation (Abstufung) geschult, mit Material Nummer sieben die Bewegungskoordination. Hierdurch kann die aufmerksame Lehrkraft bereits im Vorfeld Störungen bemerken und gleichzeitig beheben.

II. Mathematik

1. Numerische Stangen (Vergleichen, Zählen, Addieren, Subtrahieren)
2. Die Fühlziffern (Schreibweise und Ordnung der Ziffern)
3. Das Spindelspiel (Einführung der 0)
4. Ziffern und Pfennige (gerade und ungerade Zahlen)
5. Die bunte Perlentreppe (Zahlen und Mengen bis 10, Ergänzen)
6. Zehnerstrahl mit Sandsäckchen (Ganzkörpermaterial, wie 5)
7. Halbieren und Verdoppeln
8. Additionsbrett (zwingender Zehnerübergang)

9. Subtraktionsbrett (zwingender Zehnerübergang)
10. Seguin'sche Tafeln (Zahleinführung 10 bis 20, 10 bis 100)
11. Goldenes Perlenmaterial (Dezimalsystem, Grundrechenarten)
12. Kartensatz (Dezimalsystem, Zahldarstellung)
13. Schlangenspiel [wie Nummer 5] (Reihenaddition, Ergänzen auf 10)
14. Hundertertafel (geometrisches Ordnen der Ziffern von 1 bis 100)
15. Hunderterstrahl (linear: Ziffern und Mengen bis 100)
16. Markenspiel (Dezimalsystem, Grundrechenarten)
17. Rechenrahmen (Dezimalsystem, Addition, Subtraktion)
18. Einmaleinsschnüre (Mengen und Ziffern der Einmaleinsreihen)
19. Multiplikationsbrett (Erarbeiten der Multiplikation)
20. Divisionsbrett (Erarbeiten der Division)
21. Einmaleinstafel (Fertigkeitsübung zum Einmaleins)

III. Sprache

Schreiben

1. Blinde Kuh (Vorbereitung: Stift richtig fassen und führen)
2. Bienenwachsknete (Vorbereitung: Handmuskeltraining)
3. Fühlbuchstaben (Vorbereitung: Form einprägen)
4. Holzbuchstaben und Bettchen (Form erfassen, Wortbildung)
5. Stempelkasten und Buchstabentor (freies Schreiben)
6. Nachspurtafel mit Lehrgang (Einprägen der Schreibschrift)

Lesen

1. Abc-Spiel (Anlaut-Bild-Buchstabe-Zuordnung)
2. Stöpselkarten (Lautanalyse)
3. Sprechmotorik (Buchstabe-Mundbild-Zuordnung, Spiegelkontrolle)
4. Ganzwortlesen (Gegenstand-Wort-Zuordnung, Bildkontrolle)
   Grundwortschatz und Phonogramme (sch, tz . . .)
5. „Erstes Lesen" (Wort-Bild-Teile zusammensetzen, Synthese)
6. „Buchstabieren" (Wörter aufbauen, Analyse und Synthese)
7. Ganzwort-Bild-Zuordnung (Grundwortschatz, Ganzwort, Synthese)
8. Reihensätze-Bilder-Zuordnung (Steigern der Lesegeschwindigkeit und -genauigkeit)
9. Frage-Antwort-Spiel (sinnerfassendes Lesen, Steigern der Lesefreude und -geschwindigkeit)

Grammatik

1. Das Namenwort (Funktion des Namenworts, schwarzes Symbol △)
2. Der Begleiter (Funktion der Begleiter, gelbes Symbol △)
3. Das Tunwort (Funktion des Tunwortes, rotes Symbol ○)
   Die Tunwortuhr (Konjugieren, Personalpronomen: graues Symbol △)
4. Das Wiewort (Funktion des Wiewortes attributiv und adverbial, blaues Symbol □)

5. Wortbestimmung im Satz (Legen der Symbole)
6. Satzerweiterung (zentrale Stelle des Tunwortes erfassen, Sprech- und Gedächtnisübung)
7. Satzzerlegung (Stellung des Tunwortes in den Satzarten, Satzglieder)

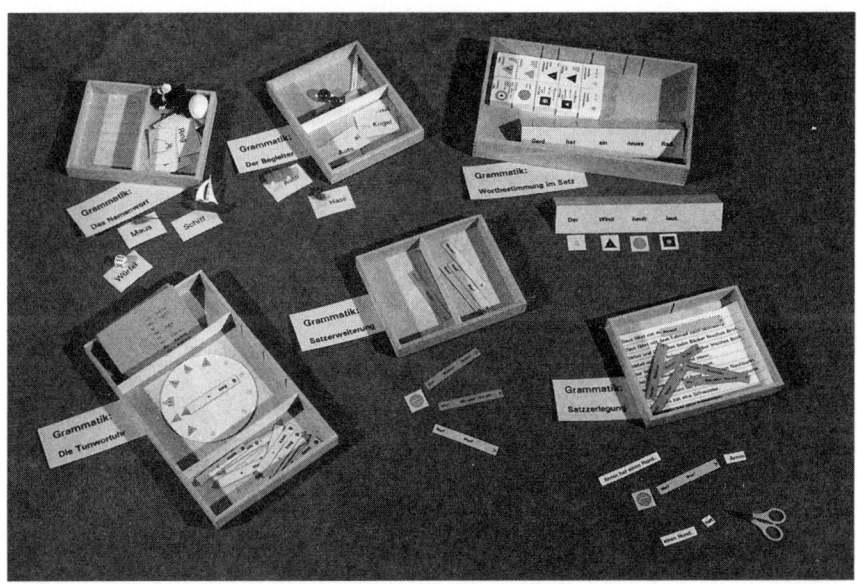

Farben (hier nicht abgebildet) und Symbole dienen bei Montessori der Veranschaulichung und Strukturierung. Sie werden jedoch stets so eingesetzt, daß ihr Hilfscharakter offensichtlich ist.

D) Grundsätzliches zur Organisation

1. Aufbewahrung

Die Regale sollen eine kindgerechte Höhe aufweisen (90 cm), offen (Übersicht, Aufforderung) und stets geordnet sein.
Wie bereits aufgezeigt, enthält das Material eine vertikale (verschiedene Schwierigkeitsstufen und Übungen innerhalb eines Materials) und eine horizontale Ordnung (verschiedenes Material, das jeweils nur einen neuen Abstraktionsschritt beinhaltet). Dieser horizontalen Ordnung sollte auch die Anordnung des Materials im Regal entsprechen. Die Kinder wissen, daß es mit jedem Material etwas Neues zu entdecken gibt

(lehrgangsmäßiger Aufbau). Es darf aber auch „gesprungen" werden. Um die Ordnung im Regal zu erhalten, lasse ich die Kinder ihr Namenskärtchen beim Entnehmen anstelle des Materials legen. So kehrt das Material stets auf seinen Platz zurück, und ich mußte noch nie aufräumen.

Material, das alle unterfordert, sollte sofort aus dem Regal entfernt werden. Es verleitet zum Herumspielen und zerstört die gewonnene Arbeitshaltung. (Das Sinnesmaterial z. B. nahm ich nach einigen Wochen komplett weg und verwendete dieses Regal für das inzwischen entstandene Heimat- und Sachkunde-Material.)

Bis die Klasse in die Freiarbeit eingeführt ist (ca. drei Wochen), stelle ich nur bereits dargebotenes Material ins Regal, später auch nicht besprochenes, um dem unterschiedlichen Entwicklungsstand gerecht zu werden (Einzeleinführung).

2. Einführung

Der Einstieg erfolgt bei mir aufgrund der fehlenden Vorerfahrung der Kinder durch Freiarbeit im Kindergarten recht rigide im Wechsel zwischen Zirkeltraining (Einführung mehrerer Materialien innerhalb von zwei Schulstunden) an einem Tag und Freiarbeit mit diesem Material am nächsten Tag.

Nach etwa drei Wochen besteht ein so großes Repertoire an eingeführtem Material, daß ich zu Einzel- oder Gruppeneinführung (bei gleichem Interesse) nach Montessori zurückkehren kann. Aber ich erlebte auch, daß plötzlich die ganze Klasse arbeitete (Stempelkästen, Zehnerstrahl, Pantomime zum Tunwort . . .).

Ich arbeite nicht nach Wochenplan, da meiner Ansicht nach der Entscheidungsprozeß wesentlich mit zur Konzentration beiträgt.

Vorschlag einer möglichen Materialeinführung in einer ersten Klasse:

Erster Schultag: Zirkeltraining: Alle Kinder haben ein Ausmalblatt am Platz, die Einführung findet auf Teppichen am Boden statt.
Einführung 10 Minuten je Gruppe.
Zweiter Schultag: Freiarbeit: Freie Wahl des eingeführten Materials, des Partners, des Arbeitsplatzes, der Arbeitsdauer
Dritter Schultag: Klasseneinführung: Zehnerstrahl, Fühlbuchstaben
Vierter Schultag: Freiarbeit
Fünfter Schultag: Einführung mit Zirkeltraining
(Da sehr anstrengend, nur einmal die Woche!)

	Gruppe 1	Gruppe 2	Gruppe 3
1.	**Einführung Sinnesmaterial** – rauhe Karten – Stoffkasten – Auge-Hand-Koord.	malen	malen
2.	Partnerarbeit Sinnesmaterial	**Einführung Sprachmaterial** – Blinde Kuh – Knete – ABC-Spiel	malen
3.	Partnerarbeit oder malen	Partnerarbeit Sprache	**Einführung Mathematik-material** – numerische Stangen – Fühlzahlen – Perlentreppe
4.	**Einführung Sprachmaterial**	malen	Partnerarbeit Mathematik
5.	Partnerarbeit Sprache	malen	**Einführung** Sinnesmaterial
6.	malen	**Einführung** Mathematik	Partnerarbeit Sinnesmaterial
7.	malen	Partnerarbeit Mathematik	**Einführung** Sprache
8.	**Einführung Mathematik**	malen	Partnerarbeit
9.	Partnerarbeit	**Einführung** Sinnesmaterial	Partnerarbeit

Sechster Schultag: Freiarbeit...
Nach ca. drei Wochen Einführung nach individuellen Interessen möglich.

Regeln bei der Einführung:

– Materialholen und -aufräumen mitüben.
– Flüstert der Lehrer, flüstern auch die Kinder.
– Mit dem leichtesten Schritt beginnen.
– So interessant wie möglich vormachen (wenig sprechen!).
– Aufgeräumter Arbeitsplatz, geordneter Ablauf (vorher üben!).

- Sich zurückziehen, wenn das Kind beginnt, sich auf das Material zu konzentrieren.
- Beobachten.
- Das Kind sitzt auf der offenen Seite (links oder rechts, je nach Händigkeit), damit es nicht vom Ellenbogen gestoßen wird.
- Wird am Boden gearbeitet, werden kleine Teppiche zur Einschränkung des Gesichtsfeldes (Konzentration) und zur Markierung des Arbeitsplatzes (Forderung nach Rücksicht) verwendet.
- Begriffe geben, wenn die Handhabung gelingt.
- Wird das Material falsch gebraucht, wird nicht getadelt, sondern gleich oder später die Lektion wiederholt (Sicherheit).
- Dem Zweck des Materials entsprechende eigene Variationen sind nicht nur erlaubt, sondern erwünscht (Kreativität).
- Das Material darf nur sachgemäß gehandhabt werden (Aufbau einer Arbeitshaltung). Zum Spielen wird Spielzeug angeboten.

Erlahmt die Freiarbeit, neue Spiele zum gleichen Material oder Zirkeltraining mit längere Zeit unbeachteten Materialien anbieten (eventuell auch Regale umräumen [Blickpunkt!]).

3. Zeitpunkt

Vor dem Unterricht beginnend in der ersten Stunde, unterschiedliche Arbeitstempi ausgleichend (gleitender Übergang) oder als rhythmisierendes Element innerhalb eines lehrerzentrierten Unterrichtstages.

4. Kennzeichnung im Wochenplan (Lehrnachweis)

Da das Montessorimaterial alle Kulturtechniken abdeckt, erscheint Freiarbeit im Wochenplan unter den Stichworten Grundlegender Unterricht, Mathematik oder Deutsch. Die Methodenwahl (Freiarbeit ist eine mögliche methodische Konzeption) liegt beim Lehrer. An Montessori-Schulen finden täglich zwei Stunden Freiarbeit statt. Ich selbst plane nur eine Stunde täglich ein, wobei dies etwa einem Drittel des Grundlegenden Unterrichts entspricht.

E) Einsatz des Materials im lehrergeleiteten Unterricht

Auch im lehrergeleiteten Unterricht ist zu beachten, daß das Material als Entwicklungsmaterial in die Hand der Kinder gehört, denn die Kinder organisieren ihre Intelligenz durch Aktivität. Lehrergeleitet ist die Klasseneinführung; hierfür eignen sich:
– Mathematik: Zehnerstrahl, Goldenes Perlenmaterial, Hunderterstrahl
– Schreiben: Blinde Kuh, Knete, Fühlbuchstaben, Holzbuchstaben, Stempelkasten, Nachspurtafel
– Lesen: Abc-Spiel, Erstes Lesen
– Grammatik: Namenwort, Begleiter, Tunwort, Wiewort, Satzerweiterung

Das bereits erwähnte Zirkeltraining wird durch das Material spannend und übungsintensiv. Ob zu Rechtschreiben, Lesen, Grammatik, Mathematik – der Phantasie sind keine Grenzen gesetzt; ohne zu ermüden arbeiten die Kinder eine ganze Schulstunde bei voller Konzentration.

1. Rundlauf:

Tische eventuell in Kreisform stellen, je ein Material pro Platz (Einzelarbeit) oder Tisch (Partnerarbeit),
Das Material bleibt am Platz, die Kinder zirkulieren (Bewegung = Entspannung) auf ein Zeichen hin (Ausschalten der Barockmusik, Triangel, . . .). Das Zeichen kann entweder die Lehrkraft geben oder ein Schüler, der zuerst fertig ist (Wettbewerb z. B. beim Einmaleins). Die Lehrkraft kann an einer Station ein neues Material einführen oder die Lautunterscheidung überprüfen.
(siehe nachfolgende Seite)

Rundlauf: (Tische im Kreis), Einmaleins, <u>Einzelarbeit</u>

2. Klasse   Numerierung vergleiche Auflistung Mathematikmaterial
●────▶   Zeiteinteilung: 45 min : 24 d. h. ca. 3 Minuten pro Station

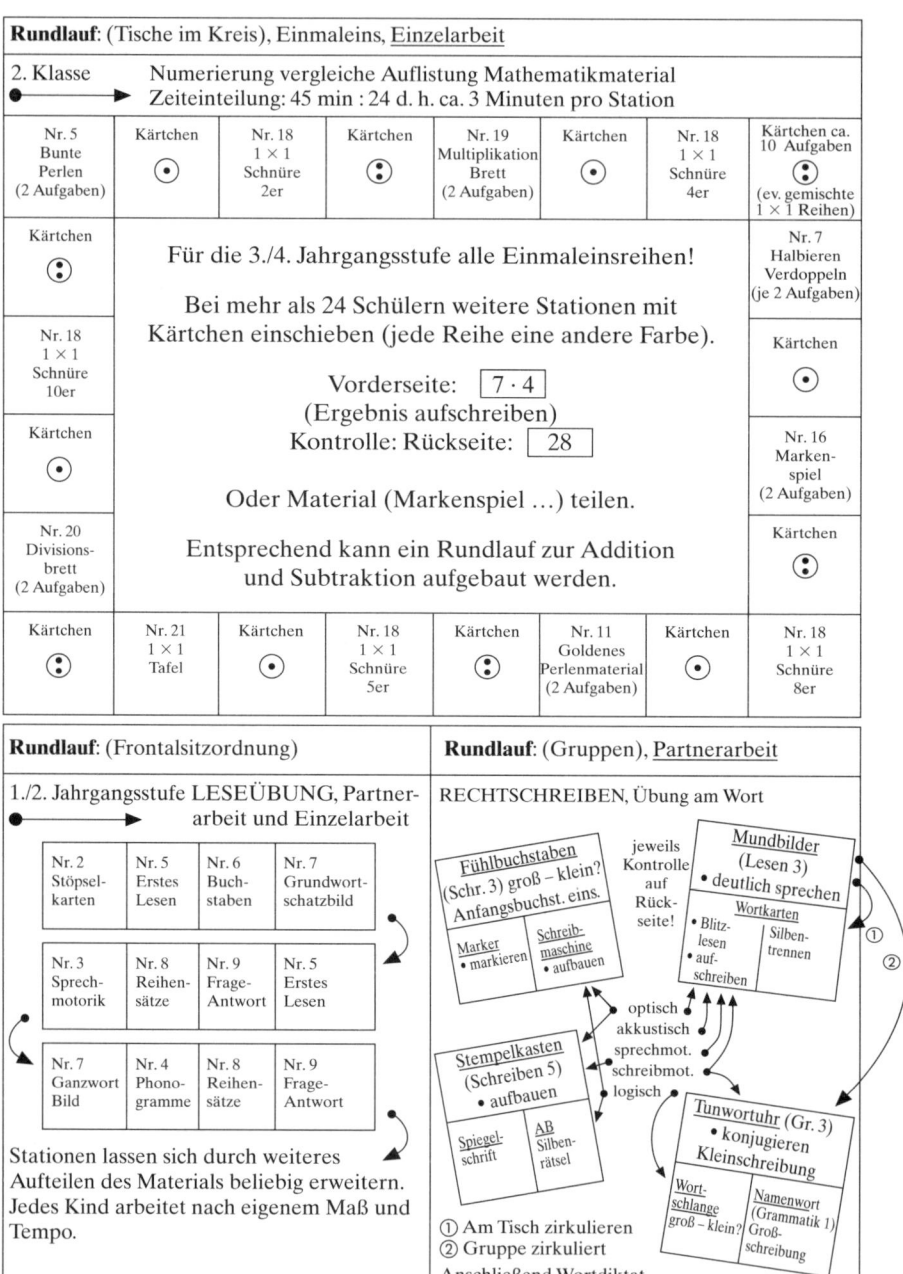

Nr. 5 Bunte Perlen (2 Aufgaben)	Kärtchen ⊙	Nr. 18 1 × 1 Schnüre 2er	Kärtchen ⊡	Nr. 19 Multiplikation Brett (2 Aufgaben)	Kärtchen ⊙	Nr. 18 1 × 1 Schnüre 4er	Kärtchen ca. 10 Aufgaben ⊡ (ev. gemischte 1 × 1 Reihen)

Kärtchen ⊡

Nr. 18 1 × 1 Schnüre 10er

Kärtchen ⊙

Nr. 20 Divisionsbrett (2 Aufgaben)

Für die 3./4. Jahrgangsstufe alle Einmaleinsreihen!

Bei mehr als 24 Schülern weitere Stationen mit
Kärtchen einschieben (jede Reihe eine andere Farbe).

Vorderseite: 7 · 4
(Ergebnis aufschreiben)
Kontrolle: Rückseite: 28

Oder Material (Markenspiel …) teilen.

Entsprechend kann ein Rundlauf zur Addition
und Subtraktion aufgebaut werden.

Nr. 7 Halbieren Verdoppeln (je 2 Aufgaben)

Kärtchen ⊙

Nr. 16 Markenspiel (2 Aufgaben)

Kärtchen ⊡

Kärtchen ⊡	Nr. 21 1 × 1 Tafel	Kärtchen ⊙	Nr. 18 1 × 1 Schnüre 5er	Kärtchen ⊡	Nr. 11 Goldenes Perlenmaterial (2 Aufgaben)	Kärtchen ⊙	Nr. 18 1 × 1 Schnüre 8er

---

Rundlauf: (Frontalsitzordnung)

1./2. Jahrgangsstufe LESEÜBUNG, Partner-
●────▶   arbeit und Einzelarbeit

Nr. 2 Stöpsel- karten	Nr. 5 Erstes Lesen	Nr. 6 Buch- staben	Nr. 7 Grundwort- schatzbild
Nr. 3 Sprech- motorik	Nr. 8 Reihen- sätze	Nr. 9 Frage- Antwort	Nr. 5 Erstes Lesen
Nr. 7 Ganzwort Bild	Nr. 4 Phono- gramme	Nr. 8 Reihen- sätze	Nr. 9 Frage- Antwort

Stationen lassen sich durch weiteres
Aufteilen des Materials beliebig erweitern.
Jedes Kind arbeitet nach eigenem Maß und
Tempo.

Rundlauf: (Gruppen), <u>Partnerarbeit</u>

RECHTSCHREIBEN, Übung am Wort

Fühlbuchstaben
(Schr. 3) groß – klein?
Anfangsbuchst. eins.

jeweils
Kontrolle
auf
Rückseite!

Mundbilder
(Lesen 3)
• deutlich sprechen

Marker
• markieren

Schreib-
maschine
• aufbauen

Wortkarten
• Blitz-
lesen
• auf-
schreiben

Silben-
trennen

optisch
akkustisch
sprechmot.
schreibmot.
logisch

Stempelkasten
(Schreiben 5)
• aufbauen

Spiegel-
schrift

AB
Silben-
rätsel

① ②

Tunwortuhr (Gr. 3)
• konjugieren
Kleinschreibung

Wort-
schlange
groß – klein?

Namenwort
(Grammatik 1)
Groß-
schreibung

① Am Tisch zirkulieren
② Gruppe zirkuliert
Anschließend Wortdiktat

142

2. Riesenrad:

Hier zirkuliert eine ganze Gruppe (Tischgruppe oder frei gewählt – Ablauf siehe oben).

Beispiel: Buchstabenstraße	Beispiel: Wortarten
1. Holzbrettchen nachspuren 2. Rätselsack mit Holzbuchstaben 3. Buchstaben an Tafel schreiben 4. Fühlbuchstaben nachspuren und zu Bildern zuordnen 5. Mit Streichholz (spitz) oder Wolle (rund) Buchstaben nachlegen 6. Buchstaben nachlaufen (Seil – vor allem bei Luftsprung!) 7. Buchstaben auf Rücken schreiben	Tunwort: Pantomime (am Boden) Lehrkraft führt ein: eingeschobenes Wiewort (oder Satzzerlegung am Tisch) Wortarten im Satz (am Tisch) Satzerweiterung (am Boden)

F) Umgang mit Problemen

Natürlich gibt es auch Problemkinder, wenn wir nach Montessori arbeiten. Freiarbeit ist *eine* Methode, nicht *die* Methode, die alle Probleme löst. Die Zuwendung, die Geduld, das Engagement der Lehrkraft ist auch hier gefragt. Aber durch das Bild der schrittweisen Entwicklung macht dieses Konzept Mut, viele kleine Schritte zu gehen und sie auch zu sehen. Es wird kein Schuldiger gesucht, sondern ein Weg:

– Kindern, die sich nicht entscheiden können, Material anbieten.
– Kindern, die andere stören, Aufträge geben.
– Kindern, die sich an kein neues Material wagen, die Zusammenarbeit anbieten.
– Sehr impulsive Kinder auf besonders interessante Punkte aufmerksam machen.
– Kindern, die ihre Grenzen (und die des Lehrers) erproben, eben diese ganz klar aufzeigen (konsequent sein!).

Wesentlich ist die Haltung des Lehrers, sein Vertrauen in die Möglichkeiten des Kindes, an sich zu arbeiten.

Meiner Beobachtung nach hilft Freiarbeit

– überbehüteten Kindern
  durch die Ausformung der Individualität, die Kreativitätsförderung, die
  Wegführung von einer überzogenen Autoritätsgläubigkeit, das Be-
  wußtwerden der eigenen Verantwortung für den Lernerfolg, die Möglichkeit zu freier Einzel-, Partner- und Gruppenwahl,
– hyperaktiven Kindern
  durch kleinschrittiges, variables Material, Bewegungsfreiheit, Berücksichtigung der eigenen Interessen und des eigenen Lernstils, die Mo-
  dellwirkung des Lehrers und seine Zurücknahme im eigentlichen Lernprozeß, aber auch das Gefühl des Angenommenseins,
– leistungsschwachen Kindern
  durch die Beanspruchung aller Sinne durch das vorstrukturierte Material, die Möglichkeit, am eigenen Entwicklungsstand anzusetzen, das
  gleichzeitige Training der Wahrnehmung von Merkmal und Relation
  (Intelligenztraining),
– spracharmen und ausländischen Kindern
  durch die Anschaulichkeit und sprachübergreifende Gültigkeit der Materialien,
– allen Kindern
  durch die Möglichkeit der Selbstkontrolle, die Bloßstellung vermeidet
  und schneller als die Lehrerkontrolle erfolgt.

Sie macht häufiger Erfolge als Mißerfolge sichtbar und schenkt dem
Lehrer Zeit, die er zur Vertiefung der persönlichen Beziehung nutzen
kann. Seine mehr auf die des Beobachters als des Zensierers geneigte
Seite läßt ihn das Verhalten der Schüler weniger reaktiv, weniger persönlich nehmen (Bolvansky u. a., 1991, S. 149).

Ausblick

Freiarbeit heißt nicht nur materialgeleitetes Lernen. Gerade im Sprachbe-
reich macht Montessori auf die Bedeutung des intensiven Kontakts zu
einem Menschen aufmerksam. Sprache ist Voraussetzung und Folge des
menschlichen Kontakts (deshalb häufiger Kontrolle durch den Lehrer).
Bedeutsam ist das modellhafte Sprachverhalten des Erziehers. Worte sind
Ausdruck des Geistes, Bereicherung des Wortschatzes bedeutet Wachs-
tum des Geistes.

Im Bereich Kosmos (Heimat- und Sachkunde) geht es laut Montessori um das Kennenlernen der Ordnung, der Beziehungen, der Bedingungen in der Welt. Dabei ist, soweit möglich, vom realen Gegenstand auszugehen. Man studiert die Wirklichkeit eines Details und stellt sich dann das Ganze vor. Experimente, exemplarisches Lernen, fachspezifische Arbeitsformen sind nötig; dies kann nicht mehr als feststehendes Material wie bei den Kulturtechniken geboten werden. Bildungsrelevante Inhalte verändern sich hier zu schnell. Bei der Erarbeitung fällt jedoch soviel an gesammeltem, herbarisiertem, aufgeschriebenem Material an, daß für die Freiarbeit eine Fülle an Wiederholungsstoff gegeben ist.

Der hier aufgezeigte Weg ist einer unter vielen anderen Möglichkeiten, selbstverantwortetes Lernen zu ermöglichen. Ich denke jedoch, daß Anfänger zuerst ein Konzept benötigen, bevor sie sich freischwimmen, und dies sehe ich in der Konzeption Montessoris gegeben.

Die Freiarbeit ist eine Methode, die der Vorbereitung und der Einführung wie alle anderen bedarf. Ihr primäres Ziel ist die Persönlichkeitsentwicklung, festgemacht an einem vorstrukturierten Material, das auch der Wissensvermittlung dient, dargeboten nach dem Grundsatz Montessoris:

„HILF MIR, ES SELBST ZU TUN"
↓   oder   ↓
HALTEN UND LOSLASSEN.

Literatur

Adademie für Lehrerfortbildung Dillingen: Materialgeleitetes Lernen. Elemente der Montessori-Pädagogik in der Regelschule-Grundschulstufe. München 1991

Böhm, W.: Maria Montessori. Hintergrund und Prinzip ihres Denkens. Bad Heilbrunn 1969

Bolvansky, R./Czerwenka, K./Lermer, M./Schäffer, F.: Freiarbeit nach Maria Montessori in der Regelschule. Dillingen 1991

Czerwenka, K.: Offener Unterricht und Freiarbeit, Möglichkeiten und Grenzen, in: Forum Erziehung 5/92

Holtstiege, H.: Modell Montessori. Grundsätze und aktuelle Geltung der Montessori-Pädagogik. Freiburg 1977

Montessori, M.: Die Entdeckung des Kindes (Hrsg. von Paul Oswald und Günter Schulz-Benesch). Freiburg 1969

Montessori, M.: Schule des Kindes (Hrsg. von Paul Oswald und Günter Schulz-Benesch). Freiburg 1976

Bezug der aufgeführten (modifizierten) Materialien, des o. g. Handbuches (Bolvansky u. a. 1991) sowie einer Videokassette über: Regens-Wagner-Werkstätten (Werkstätten für Behinderte), Georg-Schmid-Ring 1, 89407 Dillingen/Donau

HANS GERST

Offener Unterricht und Marchtaler Plan

Offen gesagt – als vor Jahren der Marchtaler Plan, der Erziehungs- und Bildungsplan für die Freien Katholischen Grund- und Hauptschulen in der Diözese Rottenburg-Stuttgart, erarbeitet und niedergeschrieben wurde, war „offener Unterricht" während der Planarbeit keine Leitlinie. Schließlich versteht sich der Marchtaler Plan damals wie heute als Erziehungs- und Bildungsplan und nicht als Unterrichtsplan.

Bestärkt wird dieses Selbstverständnis im nachhinein durch den Eindruck, daß für offensichtlich andersartige unterrichtliche Formen und Strukturen pauschal der Begriff „offener Unterricht" Anwendung findet, oftmals sogar bereits dann, wenn der Lehrplan absichtlich Lücken läßt und damit dem Lehrer Freiraum verschafft sein soll.

Die Begriffsbestimmung „offener Unterricht" fällt derzeit nicht leicht, und der Blick in die einschlägige pädagogische Fachliteratur fördert wenig Klares, Klärendes oder gar Überschaubares zu Tage. In pädagogischen Lexika taucht der Begriff in der Regel nicht auf, und selbst in einem pädagogischen Wörterbuch aus dem Jahre 1988 kann man ihn nur erschließen, genannt ist er aber auch nicht.

Wenn „offener Unterricht" als ein Wirkungsfeld von *open education* verstanden wird, die Kritik Deweys an der Uniformität und Starre der herkömmlichen Schule ernst genommen und Selbstdisziplin, in Grenzen auch Selbsterziehung, und Selbstlernen für grundlegend notwendig erachtet werden, wenn Piagets aktives Lernen gebührend Platz finden kann – dann ergäbe sich schon eine Nähe zu den erzieherischen Absichten des Marchtaler Erziehungs- und Bildungsplans. Worauf zielt der Marchtaler Plan ab?

Bildungskonzept

Die Absichten von Erziehung und Bildung im Marchtaler Plan sind die *ganzheitliche personale* und *soziale* Erziehung, die die harmonische Entfaltung und Förderung der körperlichen und geistigen Anlagen, soziales Engagement und Mitarbeit in der menschlichen Gesellschaft anstrebt, die *sittlich-religiöse* Erziehung, die vertraut macht mit der Botschaft Jesu Christi, zu personal vollzogenem Glauben hinführt und die erfahren läßt, daß Menschsein letzlich auf Hoffnung hin angelegt ist, sowie die *Vermittlung* von Bildung und Wissen, die den Anforderungen genügen, die heute an eine gute Schule zu stellen sind.

Leitbild unserer Erziehung und Bildung ist das uns geschenkte christliche Verständnis des Menschen. Der eine und ganze Mensch, mit Leib und Seele, Herz und Gewissen, Vernunft und Willen, ist Person. Erziehung und Bildung, die im Geist des Evangeliums und im Glauben der Kirche begründet sind, haben u. a. zum Ziel die *ganzheitliche Entfaltung der menschlichen Person,* ihrer Anlagen und Fähigkeiten, die Fortentwicklung des oft noch anfanghaften Glaubens, die Entfaltung der sozialen Anlagen, um den jungen Menschen, seiner Würde entsprechend, zu befähigen, „daß er in bewußter und freier Wahl handle, d. h. personal, von innen her bewegt und geführt und nicht unter blindem inneren Drang oder unter äußerem Zwang" (Kirche/Welt 17). Der junge Mensch soll in der Tat lernen, „in Verantwortung und Würde sich selbst (zu) besitzen" (R. Guardini), einsehen können, daß Bindung an Gott und Sittlichkeit Selbstbestimmung und Freiheit erst ermöglichen. Junge Menschen haben das „unveräußerliche Recht auf eine Erziehung (und Bildung), die ihrem Lebensziel, ihrer Veranlagung... geöffnet ist" (Erz 1).

Schule, wie sie der Marchtaler Plan sieht, geht daher von einer radikalen, d. h. von der Wurzel her gesehenen Individualität des Kindes und des jungen Menschen aus. Er ist unteilbar, ist Leib und Geist. Er ist auch unverwechselbar er und zu niemands Verfügung. In seiner Personalität liegt seine verantwortete Freiheit begründet. Weil der Marchtaler Plan von diesem Menschenverständis ausgeht, deshalb stellt er das Kind in die Mitte (Mk 9,36), nicht die Sache, den Stoff, den Unterrichtsinhalt, das Lernziel. Der junge Mensch steht radikal im Mittelpunkt. Und weil jeder einmalig ist, keine zwei jungen Menschen zweimal gleich vorhanden sind, versucht der Marchtaler Plan jedem das zu geben, was er braucht.

„Wie soll man denn erraten, was jeder Schüler braucht, wie soll man entscheiden, welche Wünsche berechtigt sind und welche nicht? Ist es denn möglich, in dieser bunten Schar nicht alle Übersicht zu verlieren, wenn nicht alle einer Regel unterworfen sind? Darauf antworte ich: Die Schwierigkeit erscheint nur darum als groß, weil wir uns nicht von der alten Ansicht befreien können, die Schule sei eine Art disziplinierte Soldatenkompanie, die heute von einem, morgen von einem anderen Unteroffizier kommandiert wird. Für einen Lehrer, der sich in eine freie

Schule eingelebt hat, erscheint ein jeder Schüler als ein eigener Charakter, der seine besonderen Bedürfnisse hat, deren Befriedigung nur eine freie Wahl ermöglichen kann" (L. Tolstoj, Päd. Schriften, Jena 1907, Bd II).

Freie Stillarbeit

Was Tolstoj vor über 80 Jahren reklamierte, versucht der Marchtaler Plan in der *Freien Stillarbeit* einzulösen. Sie bedeutet zunächst in Stille, aber nicht in Grabesstille, und in Freiheit, aber nicht in Beliebigkeit, zu arbeiten. Das Arbeitsethos ist im Marchtaler Plan hoch angesiedelt.

Die Freie Stillarbeit ist eine Form schulischen Arbeitens, die die Individualität, d. h. die Unteilbarkeit in Leib und Geist, des Kindes in die Mitte des pädagogischen Bemühens stellt und seinen „sensitiven Phasen" (Montessori) Rechnung trägt. Der Lehrer führt das Kind mittels der vorbereitenden Umgebung an das Bildungsgut heran. Dem Kind, dem Heran-

Kinder setzen Texte in der Schuldruckerei der Katholischen Freien Volksschule Augsburg. Mit großem Spaß ist Selbsttätigkeit hier schon in den ersten Schulwochen möglich.

wachsenden wird die Wahl des Arbeitsthemas, die Arbeits- und Zeiteinteilung in relativer Freiheit zugetraut. Diese freie Wahl der Arbeit fördert den Drang nach Erkenntnis; die freie Wahl beinhaltet dabei selbstverständlich die Kenntnisnahme, das Wissen darum, was zu tun ist. Eine häufige Arbeitsform in der Freien Stillarbeit ist die Alleinarbeit, genauso aber kommen andere Arbeitsformen vor. Weil die Materialien der Freien Stillarbeit in der Regel nur einmal im Klassenraum vorhanden sind, übt das Kind Rücksicht zu nehmen auf den, der gerade ein Material erarbeitet. In diesem komplexen Miteinander übt das Kind, der Heranwachsende soziales Verhalten – es braucht nicht bloß davon im Unterrichtsgespräch geredet zu werden. Auch hier gilt, was Bernhard von Clairvaux sagt: „Ich habe bei den Buchen mehr gelernt als bei den Büchern."

Ein für den Besucher auffälliges Merkmal der Freien Stillarbeit bei uns im Haus ist die Ruhe, die auch die Lehrkraft ausströmt. Auch sie hält sich an die Regel, daß höchstens geflüstert wird. Im übrigen übt sie sich in Zurückhaltung, denn sie ist in dieser Zeit vielzusehr Beobachterin, Beraterin als „Macherin" von Unterricht.

In der Freien Stillarbeit wählt jedes Kind seine Arbeit, den Partner und die Zeit. Die vorbereitete Umgebung hilft ihm zu größtmöglicher Selbständigkeit.

Zu Recht sagt man auch „daß sich Freie Stillarbeit „er-eignet"; man kann sie nicht „machen" oder „halten", wie man sonst Unterricht halten würde. Es kommt in dieser Zeit darauf an, durch eigenes Tun seinen eigenen Geist zu aktivieren und so zu seiner Persönlichkeitsbildung beizutragen. Wenn nicht organisatorische Hindernisse im Wege stehen, kann z. B. eine Grundschulklasse bis zu 10 Stunden in der Woche in der Freien Stillarbeit sein. Das wäre mehr als ein Drittel der Schulzeit einer Woche. Eine Hauptschulklasse bringt es rechnerisch auf die gleiche Anzahl von Freiarbeitsstunden. Allerdings macht dort die Freie Stillarbeit dann nur noch 30% der Schulzeit aus. Daß Freie Stillarbeit in allen Stufen buchstäblich vom ersten Tag an möglich ist, können die vielen Besucher unserer Schule bestätigen. Im Sinne von open education ist die Freie Stillarbeit an den Marchtaler-Plan-Schulen wohl eine Zeit des offenen Unterrichts.

Vernetzter Unterricht

Zu diesem ersten Element des Marchtaler Planes, der Freien Stillarbeit, kommt der *Vernetzte Unterricht* hinzu. Er überschreitet die herkömmliche Gliederung der Stoffe nach Fächern. Er stellt die Sachen, eben die zu erarbeitenden Inhalte so dar, daß die ihnen innewohnenden Aspekte fächerübergreifend zum Tragen kommen und zu einer ganzheitlichen Größe vernetzt werden. Die bedeutsamen Gegenstände, ihre sachliche Wechselbeziehung, ihre theologische, ethische, soziale und personale Bedeutung und die Situation sowie die Belange des Kindes, des Heranwachsenden sind integrierte Seiten der zu erarbeitenden Unterrichtseinheiten. Worum es in der jeweiligen Unterrichtseinheit geht, ist im pädagogischen Fundament, das zu jeder Einheit formuliert ist, sowohl sachlich als auch anthropologisch beschrieben. Während in der Freien Stillarbeit die Aktivierung des Geistes und die Persönlichkeitsbildung im Blickpunkt steht, begegnen sich im Vernetzten Unterricht vertieft Kind und Sache und treten zueinander in Beziehung. Wissen und Können, Leistung und Leistungswillen, Sinnfindung und Vermittlung des Glaubens entfalten und fördern hier die Anlagen und Fähigkeiten des jungen Menschen in anderer Weise, dienen aber ebenso der Entwicklung seiner Persönlichkeit. Der Vernetzte Unterricht wendet sich – wie die Freie Stillarbeit auch – an den ganzen Menschen. Er kennt keine behavioristischen Lernziele, wie sie verdeckt oder offen in vielen Lernplänen bis heute zu lesen sind. Wenn offene Schule nach dem Marchtaler Plan sich kein Bild vom Menschen macht, im Vernetzten Unterricht wie in der Freien Stillarbeit sich vom uns geschenkten christlichen Menschenverständnis leiten läßt, dann ist es wohl richtig, von offener Schule und damit auch vom offenen Unterricht zu sprechen.

Fachunterricht

Anzumerken ist, daß die herkömmlichen Schulfächer Mathematik, Englisch und Sport nicht in die Vernetzung einbezogen sind. Sie werden fachlich wie gewohnt unterrichtet. Es gibt aber eine wichtige Verbindung zum Konzept einer Marchtaler-Plan-Schule, nämlich die Freie Stillarbeit. Materialiter kommen viele Stoffe aus den Fächern Englisch oder Mathematik in ihr vor. Daß es an einer Schule mit Freier Stillarbeit und Vernetztem Unterricht nur wenige Fachlehrer gibt, wird wohl nicht anders erwartet. Der Klassenlehrer mit einem breiten Spektrum an Bereichen, die er in seiner Klassse abdeckt, ist unumgänglich. Ein Klassenlehrerwechsel nach einem Schuljahr verbietet sich von selbst.

Eine Schule, die in ihrer Konzeption das Kind „in die Mitte" stellt, eröffnet wohl die Schulwoche anders als gewohnt. Mit dem Morgenkreis am Montag ist der Wochenanfang als neugeschenkte Gabe und Aufgabe gekennzeichnet. Im Morgenkreis wird wiederum der ganze Mensch in den Mittelpunkt gerückt: Anschauung und Besinnung, Hören und Sehenlernen, vernehmen können und stille werden. Nicht stoffliche Fülle oder Aktionismus beginnen zu Wochenanfang auf das Kind oder den Heranwachsenden einzuströmen, sondern Sammlung und Konzentration, die zu sich selbst führen und zu Gott. Es ist der ständig wiederkehrende Versuch, eine für den Unterricht und Umgang untereinander und miteinander förderliche Atmosphäre zu schaffen, die die Herzen empfänglicher macht für die Werte und den Glauben, die die jungen Menschen anregt zu Kreativität und Spontanität.

Der Morgenkreis will gerne Wege nach innen gehen; man muß sie üben, und doch muß man sie alleine gehen. Wer diese Wege nach innen nicht gehen mag, der darf sich nicht wundern, wenn er sein Leben lang „aus dem Häuschen" ist. Übungen der Stille, Meditation, religiöses Tun, aber auch biblische Erzählung sowie ethische Fragestellungen beschäftigen die Kinder, die Heranwachsenden, wie die Lehrkraft im Morgenkreis.

Leistungsfeststellung

Wer Schule so sieht, wie es die Marchtaler-Plan-Schulen tun, für den bekommt die Eingangsfeststellung, daß jedes Kind einmalig, also nur einmal so vorhanden ist und keinem anderen gleicht, in vielleicht überraschender Weise eine neue Dimension. Von Pestalozzi stammt die Forderung „vergleiche nie ein Kind mit dem anderen, sondern höchstens mit ihm selbst". Im Schulalltag einer ganz normalen Schule ist das Thema „Note" ein Zentralthema, zuviel dreht sich darum – oft alles. Die Kritik an der Zensurenpraxis ist nicht mehr ganz jung; ein spürbarer Erfolg ist ihr aber bisher nicht beschieden. Wer wie die Marchtaler-Plan-Schulen Freie Stillarbeit, Morgenkreis oder Vernetzten Unterricht zu seinen Wesenselementen zählt, ganzheitlich erziehen und bilden möchte und radikal die Individualität des Menschen ernst nimmt, der kommt mit der herkömmlichen Zensurenpraxis gehörig ins Schleudern. Was geschieht denn dort? Schlicht: Alle tun zum gleichen Zeitpunkt das Gleiche und werden angeblich am vermeintlich für alle Gleichen gemessen. Wer das Unterrichtsgeschehen ernsthaft beobachtet, wird rasch feststellen, daß keineswegs alle zum gleichen Zeitpunkt das Gleiche zu lernen imstande sind. Der Gleichheitsgrundsatz, stoischer Provenienz gar – er wird und wurde pervertiert.

Weil die Marchtaler-Plan-Schule es gar nicht anstrebt, daß alle gleich werden, weil sie ja nicht gleich sind, deshalb bemüht sie sich um gerechtere Formen der Leistungsfeststellung wie der Leistungsbeurteilung. An der Carl-Joseph-Leiprecht-Schule in Rottenburg am Neckar sind nach mehrjährigen Beratungen, die von Anfang an intensive Gespräche mit der Elternschaft beinhalteten, sehr eigenständige Grundsätze in Sachen Schulleistung entwickelt worden.

Verbindliche schriftliche Arbeiten werden verbal beurteilt. Bei diesem Urteil genügt es nicht, bloß die Fehler zu benennen. „Alle Leistungsbeurteilungen müssen zum Ziel haben, dem Schüler aufzuzeigen, was er kann, nicht zu beweisen, was er nicht kann" (Ziff. I). Ein weiterer Grundsatz lautet so: „Verbindliche schriftliche Arbeiten werden unter Einbeziehung des Schülerwillens in der Freien Stillarbeit angefertigt." Das bedeutet in der Praxis, daß der Schüler sowohl bezüglich des Zeitpunktes wie auch des Zeitumfanges in die Entscheidung einzubeziehen ist. Nicht freigestellt wird dem Schüler allerdings, ob eine verbindliche schriftliche Arbeit anzufertigen ist. Allerdings ist vor dieser verbindlichen schriftlichen Arbeit eine entsprechende Vorübung einzuplanen und durchzuführen.

Es ist offenkundig: diese hauseigene Verordnung wendet sich an den Lehrer, gibt ihm Weisungen; sie wendet sich nicht unmittelbar an den Schüler. Analog zum Schulgesetz in Baden-Württemberg und den einschlägigen Verordnungen gibt es an dieser Schule nur in den Bereichen Deutsch, Mathematik oder Englisch verbindliche schriftliche Arbeiten. Diese hauseigene Verordnung behebt ein grundsätzliches Dilemma nicht: im Zeugnis bzw. in den Halbjahresinformationen müssen Noten stehen. Trotz dieser Tatsache berichten die Lehrer, daß der negative Leistungs- bzw. Notendruck weitgehend verschwunden ist. Im Schulalltag sind Noten weitgehend kein sonderlich wichtiges Thema mehr für die Kinder der Grundschule oder die jungen Menschen der Hauptschule. Sie konzentrieren sich – auch das ist eine häufige Beobachtung – mehr auf die eigentliche Arbeit, die ihnen aufgegeben ist. Und daß es genug zu arbeiten gibt, daß die Kinder der Marchtaler-Plan-Schulen arbeiten können, weil sie das wollen und die Lehrer ihnen dies zutrauen, dies hat schon manchen Besucher überrascht.

Weiterführender Literaturhinweis:

Bischöfliches Schulamt der Diözese Rottenburg-Stuttgart: Marchtaler Plan. Erziehungs- und Bildungsplan für die Katholischen Freien Grund- und Hauptschulen in der Diözese Rottenburg-Stuttgart. Rottenburg o. J. (Vertrieb: Diözesanstelle Buch, Karmeliterstraße 9, 72108 Rottenburg am Neckar 1)

Dieser Beitrag wurde zuerst veröffentlicht in: Christ und Bildung 3/1991, S. 87–90 (Fotos: Roman Mangold)

EBERHARD DETTINGER

Lettern und Druckpresse – die Schuldruckerei als vielseitiges Arbeitsmittel

„Es ist Dienstag, die Freiarbeitsstunde hat begonnen. Jedes Kind berichtet, was es zu arbeiten vorhat. Die begehrteste Beschäftigung in dieser Phase ist das Geschichtenschreiben. Es bietet den Kindern die Möglichkeit, eigene Gedanken zu ordnen, zu klären, zu präzisieren. Besonders fasziniert aber die Schreiber, daß ihre Gedanken und Mitteilungen für sie selbst und für andere über einen langen Zeitraum verfügbar werden. Sie verfassen freie Texte, bei denen sie selbst festlegen, daß sie jetzt schreiben möchten, was sie zu Papier bringen wollen und in welcher Form die Geschichte veröffentlicht werden soll. Neben anderen Möglichkeiten der Dokumentation, die wir praktizieren, stehen Lettern und Druckpresse zur Verfügung – es entsteht der gedruckte Text für die Eigenfibel."

Dieser Ausschnitt aus dem Bericht einer Lehrerin könnte auch die Beschreibung einer Situation aus dem Klassenzimmer Célestin Freinets sein, der 1923 die Schuldruckerei als Arbeitsmittel in seinen Unterricht aufnahm. Im „texte libre" gab er damit seinen Schülern die Gelegenheit, ihre Erlebnisse und Empfindungen frei zu äußern, ihre Aufzeichnung zu setzen und zu drucken.

1. Freinet, der „Erfinder" der Schuldruckerei

Kurz zu berichten, was Freinet (1896–1966) bewog, gerade die Schuldruckkerei – neben anderen „techniques Freinet" – als Arbeitsmittel in seinem Unterricht einzusetzen, kann sicher ein erster Schritt sein, deren pädagogische Bedeutung darzustellen.

1.1 Die Erfahrungen des Schülers Célestin Freinet

Obwohl die Schule eigentlich „im Dorfe" war, ergeben sich für den aufgeweckten Schüler Célestin zwei Welten: das Geschehen außerhalb und innerhalb des Klassenzimmers.

Außerhalb der Schule lebt er im kleinen Dorf Gars (Französische Seealpen) in einer sehr engen Verbindung mit dem Leben um ihn herum. Die Bauern, Hirten und Handwerker, denen er täglich in einer überschaubaren Dorfgemeinschaft bei ihrer Arbeit begegnet, beobachtet er interessiert.

Im Gegensatz dazu erlebt er in der Schule eine weitgehend lebensfremde, unkindgemäße Vorgehensweise, die ihn nicht ansprechen und die ihm nicht sinnvoll erscheinen kann.

Diese Erfahrungen prägen sich ein. Sie bestimmen wesentlich sein Denken, seine innere Einstellung und damit das Handeln des späteren Pädagogen Freinet.

1.2 Der junge Lehrer Freinet möchte vieles besser machen

Sein Eintritt in den Schuldienst gibt Freinet nun endlich Gelegenheit, den Unterricht in der Dorfschule Bar-sur-Loup so zu gestalten, daß dieser nichts mehr mit dem der alten Lernschule französischer Prägung – wie er ihn selbst erlebte – zu tun hat. Nicht mehr der tägliche Frontalunterricht, bei dem sich während des Lehrervortrages die Kinder stundenlang still zu verhalten hatten, soll bei ihm den Schultag bestimmen. Vorbei soll es sein, daß man nicht beachtet, was außerhalb des Schulhauses geschieht und daß man dem praktischen Tun einen so geringen Stellenwert zumißt.

Das besondere Interesse Freinets gilt dabei dem muttersprachlichen Unterricht. Er sucht nach Möglichkeiten, die Kinder z. B. über längere Zeit hinweg für einen Text zu interessieren. Sie lasen und schrieben die Seiten aus ihren Büchern ab. Doch wenn die Seite umgeschlagen war, so beobachtet er, hatten sie deren Inhalt schon fast wieder vergessen.

Um hier Abhilfe zu schaffen, entwickelt er zahlreiche Unterrichtsmaterialien, die zu wichtigen Bausteinen seiner Schularbeit werden.

1.3 Leben und Schule in enger Verbindung

Für sein schulisches Wirken gibt sich Freinet selbst das Motto: „Par la vie – pour la vie – par le travail." (Durch das Leben – für das Leben – durch die Arbeit.)

Leben und Schule miteinander in Verbindung zu bringen, bedeutet für ihn, auch Möglichkeiten praktischer Betätigung ins Klassenzimmer zu holen. Also nicht ein gesonderter Technik- oder Physikraum, sondern „Ateliers de travail" (Arbeitsecken) im Klassenzimmer sind es, die nach seiner Vorstellung Denken und Handeln miteinander verbinden. Beispiele für Arbeitsecken nach den Vorschlägen Freinets sind: Schuldruckerei, Wissensvermittlung durch Karteien, Bücherei und Dokumentensammlung, naturwissenschaftliche Experimente, hauswirtschaftliche Tätigkeiten usw.

1.4 Die Schuldruckerei – Kennzeichen für die Schularbeit Freinets

In einem Brief Freinets vom 8. Februar 1950 an Peter Petersen findet sich folgende Aussage:

„Wir sind in der Tat die ersten, die die Idee wirklicher, von Kindern geschriebener Zeitungen, die von Kindern selbst gedruckt und illustriert wurden, lanciert haben. Diese Idee, die jetzt auf den Weg geschickt ist, ist geeignet, sogar die Grundfundamente der Pädagogik und Kultur zu modifizieren" (Jörg 1989, S. 117).

Ohne Zweifel bringt Freinet damit selbst zum Ausdruck, welchen zentralen Stellenwert die Schuldruckerei für ihn bei der Gestaltung von Unterricht und Schulleben einnimmt. Dabei darf nicht übersehen werden, daß Lettern und Druckpresse keineswegs nur eine Möglichkeit zur Vervielfältigung von Texten bleiben. Sie werden zum wichtigen Arbeitsmittel in der

Hand der Schüler, das weite Bereiche des Unterrichts wesentlich beeinflußt. In enger Verbindung zu diesem Arbeitsmittel stehen zwei dazugehörende Partner: der „freie Text" und die „Korrespondenz". In dieser Kombination wird die Schuldruckerei zu der „technique Freinet", in der die meisten Grundprinzipien seiner pädagogischen Vorstellungen vereint Umsetzung finden können.

2. Die Schuldruckerei in der Schule von heute

Schule „von heute" muß und will mehr leisten als reine Wissensvermittlung. Es gilt, den Schüler in vielfältiger, ganzheitlicher Weise anzusprechen, zu gewinnen und zu fördern.

Sieht man Schüler, begeistert und überzeugt von ihrem Arbeitsmittel, mit Lettern umgehen, Drucksätze einfärben oder Abzüge herstellen, so ist Freude und Ernsthaftigkeit des Bemühens von den Gesichtern abzulesen. Und dies, obwohl für den Beobachter ebenfalls unschwer zu erkennen ist, wieviel erstrebenswerte, d. h. von der Schule zu vermittelnde, Fertigkeiten und Arbeitstugenden als grundlegende Voraussetzungen für das Gelingen des Vorhabens erlernt und eingeübt werden müssen. Diese in kurzer Form darzustellen soll der Inhalt der folgenden Abschnitte sein.

2.1 Die Schuldruckerei als Arbeitsmittel in den Stundenplanfächern

- *„Ich kann schon lesen und schreiben!" – Schuldruckerei und Anfangsunterricht*

Längst sind wir darüber hinweg, eine Anfangsklasse ohne Rücksicht auf persönliches Können und Leistungsvermögen der Kinder in einen Leselehrgang synthetischer oder analytischer Vorgehensweise zu zwängen.
Sie dort abholen, wo sie stehen; ihr Können anerkennen; dem Lerneifer Nahrung geben: das erfordert, individuelle Arbeitsmöglichkeiten anbieten zu können. Dabei möchten auch Schulanfänger nicht einfach nur beschäftigt werden.
Während die Lehrerin mit einer Schülergruppe Leseversuche unternimmt, stecken andere Kinder ihren Namen, den sie ohne Schwierigkeiten schreiben können, mit Lettern in ein Setzrähmchen.
Vom Wortaufbau und Wortabbau durch Setzen, von unbemerkter stetiger Wiederholung, von der Möglichkeit der Betätigung überhaupt kann hier die Rede sein. Neben all dem ist einzubeziehen, daß in der Didaktik des

Die Schule ist schön. Die Frau Kuhbach ist unsere Lehrerin. Mein Nebensitzer Stefan ist lieb. Saro

(1. Klasse – Grundschule Pfronstetten)

Schriftspracherwerbs neue Erkenntnisse zu neuen Entwicklungen geführt haben.

Ausgehend vom altersstufengemäßen eigenen Text des einzelnen Kindes, der für sich schon eine bedeutende Motivation in sich trägt, werden Zielsetzungen der Schule zur selbstverständlichen Notwendigkeit. Eine Konzeption, die das Spontanschreiben der Schüler zum Ausgang hat, als einen weiteren Schritt die „rechtschreibliche" Korrektur durch den Lehrer beinhaltet und in das Setzen und Drucken mündet, wird zu einem geschlossenen Ganzen. Das Kind erfährt den Mittelschritt nun als wünschenswert. Er erhält Bedeutung und macht das nochmalige „Schreiben" (jetzt fehlerloses Setzen und Drucken!) sinnvoll. Dabei kann dieses Arbeitsmittel jeder Entwicklungsstufe gerecht werden: der Wort-Geschichte oder dem Sätze-Text. Dem Kind wird außerdem deutlich, daß es ernsthaft arbeiten darf – auch dem, das angeblich schon alles lesen und schreiben kann.

158

Beispiel:

a) Spontantext

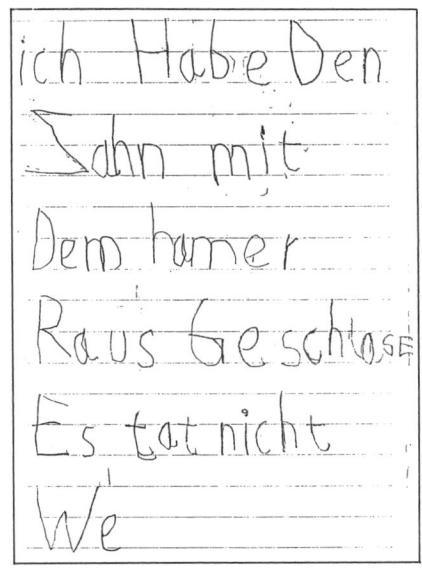

b) Korrigierte Fassung

Ich habe den Zahn
mit dem Hammer
rausgeschlagen.
Es tat nicht weh.

c) Druck mit Bild

Ich habe den Zahn mit
dem Hammer rausgeschla-
gen. Es tat nicht weh.

Holger

Kommt das bedruckte Blatt aus der Presse, dann wird am Gesichtsausdruck deutlich: „Mein Text gedruckt!" Gibt es eine überzeugendere Bestätigung für die besondere persönliche Leistung?

(Engelberg-Grundschule Stuttgart)

159

- *Persönlichem Erleben und Empfinden Bedeutung verleihen –*
  Schuldruckerei und Texte verfassen

Den Schülern einen echten Leserkreis für ihre Aussagen durch das Drukken schaffen zu können, erfüllt nicht nur eine berechtigte Forderung aus dem schulischen Bereich „Texte verfassen". Viel bedeutender ist zunächst, daß von dieser Möglichkeit eine außerordentlich attraktive Motivation zum Schreiben überhaupt ausgeht. „Die Schuldruckerei stellt ein Arbeitsmittel mit besonders hohem Aufforderungscharakter dar – und dies speziell auch für sonst weniger motivierte Kinder", das ist die erfreuliche Erfahrung einer Lehrerin.

Wie schon eingangs erwähnt, war es bereits das Bestreben Freinets, den Schüler als Person unter anderem dadurch zur Geltung kommen zu lassen, daß das Kind im „texte libre" das festhalten durfte, was es im Augenblick beschäftigt.

Eine mündliche Vorstufe dazu stellt heute in vielen Klassen der Morgenkreis dar. Doch wie oft wird etwas berichtet, was über den Augenblick hinaus Bestand haben sollte? Wie oft können nicht alle Kinder zu Wort kommen? Im spontanen Schreiben (freie Texte) entstehen ergänzend die echten Aussagen eines Kindes, das in einer ursprünglichen Art ein beein-

Pausengeschrei (Schulzentrum St. Konrad Ravensburg

druckendes oder spannendes Erlebnis, seine Freude, vielleicht auch seine Trauer, weitergeben darf.

Wenn Schuldruckerei einerseits zum spontanen Schreiben motiviert, so bedeutet das keineswegs, daß gezielte sprachliche Förderung vernachlässigt würde. Sie erfolgt aus der beschriebenen Situation heraus – eingebettet in das, was über „freie Texte" durch die Schüler selbst angeregt wird. „Und wir sind stolz auf unsere Werke...", so stellt eine Grundschülerin fest und sieht sicherlich dabei den Leserkreis ihrer gedruckten Beiträge, der weit über die Klassengemeinschaft und die Elternhäuser hinausgehen kann. Sei es, daß die Partnerklassen ein Exemplar des Druckwerkes erhalten („Korrespondenz" bei Freinet) oder der Inhalt einen besonderen Interessentenkreis zu Empfängern werden läßt.

Damit wird die Schuldruckerei auch zu einer Möglichkeit der Dokumentation entsprechender Texte z. B. aus dem Heimat- und Sachunterricht. Josef Koranda schreibt dazu: „Ich möchte das Drucken als Abschluß von Projekten in der Grundschule als eine von bestimmt mehreren Möglichkeiten – vielleicht aber doch als eine der besten – nicht missen. Drucken ermöglicht ein Weiterverarbeiten der Sache, besitzt Langzeitwirkung und wirkt über das Klassenzimmer hinaus." („Grundschule" 3/1984, S. 13)

- *Muß es immer der Rotstift sein? – Schuldruckerei und Rechtschreiben*

Längst ist die Schuldruckerei als ein wertvolles Übungsmittel gerade für die schwächeren Rechtschreiber erkannt. Nur selten wird sich ein Schüler freiwillig und so intensiv mit einem Diktat beschäftigen, wie wenn er seinen eigenen Text letztendlich fehlerfrei gedruckt haben möchte. Buchstaben an Buchstaben zu reihen, Teile des Textes immer wieder zu überblicken, mit dem Manuskript zu vergleichen und im Probeabzug die letzten Fehler auszumerzen, das sind einige Stationen auf dem Weg zum fertigen Druck. Auch das Erzeugnis aus der Schuldruckerei muß – bezüglich der Rechtschreib- bzw. Setzfehler – seine Leser befriedigen. Dabei ist nicht zu übersehen: Hier kann sich durch das Greifen das Begreifen einstellen.

„Die Tatsache, daß die Kinder schon in der Druckerei saßen, wenn ich kam; und ich sie nicht auf dem Schulhof zusammensuchen mußte wie sonst, beweist, daß die Arbeit in der Schuldruckerei gerade mit Ausländerkindern lohnend ist" – so beschreibt ein Lehrer seine Erfahrungen im Rechtschreibförderkurs.

- *Mit Milchtüten oder Karton illustrieren – Schuldruckerei und Bildende Kunst*

Wenn sie so vor mir liegen, die von Schülern gestalteten Geschichtenhefte, Bilderbücher, Dokumentationen mit ihren bunten Umschlägen und reichen Illustrationen, dann wird deutlich, daß hier wirklich Kunsterziehung geschieht.

Vielfältige Techniken, in zahlreichen Unterrichtsstunden vermittelt, treten aus dem Schulüben heraus und finden ihre Anwendung. Es liegt auf der Hand, daß die Schuldruckerei ein reiches Feld für kreative, manuelle Arbeit darstellt, die durch einen großen Betrachterkreis (außerhalb der Schule!) Bedeutung erhält und Anerkennung erfährt.

Das aber regt zu weiterem Gestalten an und fordert zu persönlicher Leistung heraus.

Räuber

(Lena Hespeler, Eningen u. A.)

2.2 Schuldruckerei als Handlungsraum zur Verwirklichung erzieherischer Ziele

Neben anderen Angeboten birgt vor allem die Schuldruckerei zahlreiche Situationen sozialen Lernens in sich. Ein vielseitiges Spektrum menschlicher Entwicklung wird angesprochen; umfassende ganzheitliche Lernmöglichkeiten werden angeboten.

- *Ordnung und Sauberkeit führen zum Erfolg*

„Fische" nennt man die Lettern, die nicht an dem für sie vorgesehenen Platz des Setzkastens liegen. Und diese „Fische" sind, als Auswirkungen unordentlichen Arbeitens, sehr ärgerliche Störenfriede beim Setzen eines neuen Textes. Auch wer noch keine Erfahrung mit der Schuldruckerei im Unterricht hat, mag erahnen, daß sich die Erregung, vielleicht auch der Zorn, der Betroffenen darüber – einmal vor der ganzen Klasse vorgetragen – erziehend auswirkt.

Genauso wenig wie man nicht mehrmals die falsche Letter in die Hand nehmen möchte, so wenig ist es erfreulich, wenn die Materialien nicht sauber gereinigt sind. Verschmutzte Lettern beeinträchtigen z.B. die Qualität des folgenden Druckes.

Der Umgang mit Farbe und Papier an der Druckpresse ist ein weiterer Schritt, der Vorangegangenes auf- oder abwerten kann. Nicht in der richtigen Reihenfolge gebundene Seiten machen es dem Leser schwer, den angebotenen Text zu lesen.

Schon diese wenigen Beispiele verdeutlichen, daß die Notwendigkeit, seinen jeweiligen Auftrag sauber und gewissenhaft zu erfüllen, Begleiter auf den Stationen der Herstellung eines Druckwerkes ist. Nur wenn wirklich alle diese Vorstufen ihren Teil dazu beitragen, kann auch das Ergebnis überzeugen. Dadurch ist jeder Beteiligte von der Sache her eingebunden in den Erfolg des Ganzen.

- *Rücksichtnahme, gegenseitiges Helfen, verantwortliches Handeln begründen gemeinschaftliches Zusammenwirken*

Ganz von sich aus und wie selbstverständlich entwickeln sich bei der Arbeit mit der Schuldruckerei sowohl Formen der Kooperation als auch des selbständigen verantwortlichen Handelns.

Kein Schüler kann alleine ein ganzes Geschichtenheft setzen und drucken – über das Arbeitsmittel ist das Zusammenwirken mehrerer gefordert. Gegenseitiges Helfen wird zur Selbstverständlichkeit, weil sich z.B. Schüler zusammenfinden (müssen und wollen), um einen Beitrag, in Abschnitte gegliedert, zu setzen. Geschieht dies gleichzeitig in zwei Gruppen an einem Setzkasten, ist dies nicht ohne gegenseitige Rücksichtnahme möglich.

Unmöglich kann der Lehrer all diese verschiedenen Arbeitsgänge beim Entstehen eines Druckwerkes „überwachend" begleiten. Sehr schnell zeigt sich, daß Verantwortlichkeit in vielfältiger Weise an die Schüler übergehen muß.

Bereits in der Einführungsphase zum Umgang mit Lettern und Druckwalze wird der Lehrer mit Freude beobachten, wie die Schüler-Multiplikatoren ihre Klassenkameraden gewissenhaft und mit großem Ernst in die Geheimnisse der „Schwarzen Kunst" einführen.

Dasselbe wird auch im Blick auf die sich aus dem Arbeitsablauf in natürlicher Weise ergebenden Möglichkeiten und Notwendigkeiten, Verantwortung zu übernehmen, zu beobachten sein. Dabei entscheidet über das Gelingen nicht in erster Linie der Lehrer, sondern – für alle Augen sichtbar – die Qualität des gemeinsam Geschaffenen. Für die Zielsetzung zu lernen, für jemanden oder etwas Verantwortung zu übernehmen, ergibt sich ein natürliches Übungsfeld.

● *Persönliche Fähigkeiten „würzen" das Ergebnis des Vorhabens*

Das Arbeiten mit der Schuldruckerei eröffnet die Gelegenheit, jeden Schüler einen ihm gemäßen Auftrag im Rahmen des Ganzen übernehmen zu lassen. Ob er mehr handwerklich begabt ist, ob er mit Freude (freie) Texte verfaßt oder gerne Illustrationen fertigt, für jeden bietet das Arbeitsmittel Schuldruckerei die Möglichkeit des individuellen Beitrags! Eine sehr wichtige Feststellung in diesem Zusammenhang ist, daß alle diese Tätigkeiten innerhalb des Gesamtwerkes gleichbedeutend sind. Damit ist die Voraussetzung gegeben, daß jeder persönliche Beitrag auf seine Art wichtig und wertvoll für das Gesamte wird. Zum besonderen Gelingen des Ganzen beitragen zu wollen, bedeutet – neben Aufgaben, die allgemein aufgeteilt werden – seine einmaligen Fähigkeiten einbringen zu können.

Das entstandene, vorzeigbare Werk wird zum Erfolgserlebnis, die Anerkennung der Betrachter zum Anstoß, auch beim folgenden Projekt sein Bestes zu geben.

- *Freude erleben krönt die Arbeit*

Könnte ich mir nicht alle vorangegangenen Aussagen ersparen, wenn nicht feststünde, daß weitaus die Mehrzahl aller Schüler Freude daran empfindet, mit Lettern und Druckpresse umgehen zu dürfen?

- Wer es schon miterlebt hat, weiß um die Freude des Erstkläßlers über sein erstes eigenes, selbstgedrucktes Sätzchen.
- Diese Freude bleibt auch in den folgenden Schuljahren erhalten, denn in gedruckter Form gewinnt ein eigener Beitrag besonderes Gewicht und erhöhte Aussagekraft.
- Freude in der Klasse über das fertiggestellte Gemeinschaftswerk ist ein Empfinden, das miteinander verbindet.
- Und nicht zuletzt ist es die Möglichkeit, mit einem ansprechenden Geschichtenheft oder Bilderbuch anderen eine Freude bereiten zu können.

Kindergedanken:

Wenn ich ein Baum wäre...
(2. Klasse – Grundschule Pfronstetten)

Wenn ich eine Birke wäre,
würde ich die Eichhörnchen
auf mir ein Haus bauen lassen.

Marc Uhland   7.11.1990

*Bilderbuch zum Trocknen
aufgehängt (Grundschule Neuffen)*

Mama und Papa sind lieb (Schlehengäuschule Gechingen)

3. Was ändern Lettern und Druckpresse an meinem Unterricht?

Spontan geantwortet: Alleine sicherlich nicht allzu viel! Wer das Inventar seines Klassenzimmers lediglich additiv um die Schuldruckerei erweitert, läßt vielseitige, in ihr verborgene pädagogische Werte brach liegen. Sie zu nützen hat allerdings zur Voraussetzung, dieses Arbeitsmittel auch angemessen einzusetzen. In einigen allgemeingültigen Hinweisen sollen Erfahrungen dazu weitergegeben werden.

● *An erster Stelle steht die Sachinformation*

Die Entscheidung, etwas Neues anzugehen (oder nicht anzugehen) hat stets die Sachinformation als grundlegende Voraussetzung. Um unnötige schlechte Erfahrungen oder gar ein Scheitern zu vermeiden, gilt dies auch für die Einführung der Schuldruckerei: Literatur (dieser Artikel will auch dazu beitragen), Gespräche mit erfahrenen Kolleginnen und Kollegen oder die Lehrerfortbildung bieten sich an.

167

In der Schule ist es schön.
Da kann man viele Sachen machen.
In Sport ist es schön.

Stefan Geiselhart

(1. Klasse – Grundschule Pfronstetten)

● *Eine Minimalausstattung muß vorhanden sein*

Sinn und Zweck eines jeden Arbeitsmittels sind von vornherein nicht zu erreichen, wenn die sachlichen (Minimal-)Voraussetzungen fehlen. Dies gilt in besonderem Maße, wenn handwerklich damit umgegangen werden soll.

● *Arbeitsmittel als Bestandteil des Unterrichtes*

Im Vorausgegangenen ist sicher schon deutlich geworden, daß Schuldruk-kerei wie jedes andere Arbeitsmittel vom Lehrer in die jeweils angestrebten methodischen und didaktischen Absichten einbezogen werden muß. Sie darf nicht als eine „belohnende Sonderbeschäftigung" angeboten werden.

Schuldruckerei in der Grundschule und den Sonderschulen sollte räumlich (Arbeitsecke) und pädagogisch (integriertes Arbeitsmittel) möglichst direkt im Unterricht verankert sein.

● *Überzeugt-Sein und Geduld-Haben führen zum Ziel*

Wie bei allen pädagogischen Zielsetzungen sind auch beim Arbeitsmittel Schuldruckerei nicht alle beschriebenen positiven Aspekte bereits „in der ersten Woche" zu erreichen. Manches muß geübt werden, manches muß wachsen und ist Ergebnis eines gemeinsamen Lernprozesses von Schülern und Lehrer. Aber:

„Jeder, der in seiner Klasse den Schuldruck einführt, jeder, der die Schüler in der von uns gezeigten Weise drucken und korrespondieren läßt, ändert damit selbst den Geist seiner Klasse und die Bedeutung seines Unterrichts. Die Schule wird nunmehr wesentliche Elemente aus dem Leben des Kindes selbst schöpfen." (Freinet 1927)

Literaturauswahl:

Freinet, C.: Der Buchdruck in der Schule. Boulogne 1927
Freinet, C.: Die moderne französische Schule (übersetzt und besorgt von H. Jörg). Paderborn 1979
Honig, G.: Drucken in der Schule. Wolfsburg 1984
Jörg, H.: So macht Schule Freude. Wolfsburg 1989
Jörg, H.: Schüler drucken ihre Fibel selbst. Wolfsburg 1991
Zülch, M.: Lehrer und Schüler verändern die Schule (Arbeitskreis Grundschule – Band 48). Frankfurt 1981

Materialien für die Ausstattung einer Schuldruckerei bieten an:

- Drucken & Lernen, Bleicherstraße 12, 26122 Oldenburg
- Finken-Impulse-Verlag, Postfach 14 20, 61440 Oberursel
- Hauer, Ernst, Druckereibedarf, Geisinger Str. 54, 74321 Bietigheim
- Pädagogik-Kooperative e. V., Materialvertrieb, Goebenstr. 8, 28209 Bremen
- Schuldruck-Bedarf Doris Hespeler, Im Hörnle 51, 72800 Eningen
- Schuldruck-Zentrum der Pädagogischen Hochschule Ludwigsburg, Reuteallee, 71634 Ludwigsburg
- Schulz, Karl Werner, Höhenstraße 6, 66359 Bous

PETER TREITZ

Das Drucken in der Schulpraxis

Gedanken und Methoden der Reformpädagogik gewinnen zunehmend
wieder an Bedeutung; dazu gehört auch eine „Erfindung" des französi-
schen Pädagogen *Célestin Freinet* (1896 bis 1966): die *Schuldruckerei*. Sie
war das Herzstück seiner Schul- und Unterrichtsarbeit, und ihr widmete
er seine erste größere pädagogische Publikation: *„L'Imprimerie à l'Ecole"*
(1927). Mit ihrer Hilfe lassen sich die Grundprinzipien vom natürlichen,
selbsttätigen und praktischen Lernen in der Schule in besonderem Maße
verwirklichen.

Doch rechtfertigen die Vorteile dieser *„zentralen Technik der Schulpraxis"* den mit ihr verbundenen zusätzlichen Aufwand an Zeit, Arbeit und
Materialien?

Vorbemerkungen

„Die Erziehungwissenschaft mußte – soweit sie sich auf das Lernen mit
,Kopf, Herz und Hand' zurückbesinnt und sich nach Quellen zur Förderung der Lernfreude umsieht – zwangsläufig auch wieder verstärkt auf das
Arbeitsmittel ,Schuldruckerei' aufmerksam werden." So schreibt *Dieter
Adrion* und nennt dann unter anderen die folgenden *pädagogischen Werte*
einer Schuldruckerei in der heutigen Schule:
- eine unschätzbare Bereicherung des Schullebens,
- ein Medium mit spezifischen Lern- und Gestaltungsmöglichkeiten im
  praktischen Umgang mit Sprache und Schrift, nicht zuletzt auch im
  Sinne einer ganzheitlichen ästhetischen Erziehung,
- ein Ausgleich und Gegengewicht im schöpferischen Bereich – in Gestalt
  von Freude am handwerklichen Tun, am vollbrachten Werk und am
  Erlebnis gemeinschaftlicher Arbeit – angesichts des auch in der Schule
  unaufhaltsamen Einzugs moderner Technologie.

„Gleichzeitig war immer deutlicher geworden", so *Adrion* weiter, „daß
sich die wachsende Popularität des Schuldruck-Gedankens nicht nur aus
der erfreulichen Rückbesinnung auf reformpädagogische Ideen und besonders auf Célestin Freinet erklärt, sondern ganz wesentlich auch auf

sehr aktuellen Entwicklungen in der Didaktik des Schriftspracherwerbs und des Schreibens beruht (...), in denen sich wichtige unterrichtliche Neuorientierungen ankündigen."

aus	uns	Lars	Susi
Suse	See	Susanne	
sausen	sind	Sissi	
Sascha	essen	Essen	
Sesam	Isar	Sand	
Sau	schmausen	Mus	
Salami	Reise	Riese	
rasen	Rasen	rasten	

Im Anfangsunterricht stellt die Schuldruckerei ein Arbeits- und Lernmittel mit besonders *hohem Aufforderungscharakter* dar – und das insbesondere auch für ansonsten weniger motivierte Kinder. Auch Schulanfänger möchten nicht einfach nur beschäftigt werden; sie wollen ernsthaft arbeiten! Über das Greifen stellt sich das Be-Greifen ein. Stetige Wiederholung – von den Kindern gern angenommen – ist für jeden Lehrer eine wichtige Grundregel; der *eigene Text* als persönliches Eigentum und als „veröffentlichtes" Druck-Erzeugnis motiviert.
Schuldruckerei in der weiteren Grundschulzeit
– regt zum spontanen Schreiben an;
– erleichtert die Rechtschreibung;
– ermöglicht die Dokumentation;
– fördert die Kreativität und Selbsttätigkeit und
– motiviert zu sozialem Lernen.

Drucken ist einfach und durchschaubar; es kann durch Zuschauen und Mitmachen erlernt werden. Drucken mit Lettern ist ein Produktionsvorgang, der vom Anfang bis zum Ende einsichtig und für die Beteiligten in allen Schritten greifbar ist. *Nichts geschieht verdeckt; alles ist erfaßbar.* Das „Spiel" mit den Buchstaben als Bedeutungselementen ist zugleich eine literarische und künstlerische Aktivität, die gleichzeitige Gestaltung von Inhalt und Form in einer integrierten, selbstbestimmten Handlung. So können bereits in der Kindheit und dem Jugendalter Grundsteine für eine spätere selbständige Kommunikationspraxis gelegt werden.

Hierin liegt die enorme didaktische Chance der Schuldruckerei: Lernen durch Mitmachen, Verstehen durch eigenes Handeln – ein komplexer geistiger Prozeß von der Idee bis zum fertigen Ergebnis in eigenen Händen! Zugleich kann am Beispiel einfachster eigener Textproduktionen bzw. Wort-Bild-Druck-Kombinationen gelernt und nachvollzogen werden, wie Bücher, Zeitungen, Plakate usw. im Prinzip entstehen...

Der Einstieg ins Drucken

Wir drucken unsere Fibel selbst

Wer mit dem Drucken in der Schule beginnen will, muß nicht gleich mit seinen Erstkläßlern eine Eigenfibel herstellen! Ich habe es seinerzeit gewagt und mit den Kindern gemeinsam das faszinierende Handwerk des Druckens erlernt. Hier mein ganz persönlicher Erfahrungsbericht über die damaligen ersten Schulwochen:

„Wohin mit Setzkasten und Druckpresse?" lautete die wichtigste Frage, nachdem die Finanzierung geklärt und die Grundausstattung pünktlich vor Schuljahresbeginn geliefert worden war.

Diese Frage hatten wir bereits zum Ende der Ferienzeit gelöst. Mit freundlicher Unterstützung unseres Hausmeisters hatten wir auf einen alten Schultisch mit Rollen den Setzkasten an die hintere Tischkante und die Druckpresse an den rechten Tischrand ganz vorne montiert. Dahinter blieb noch Platz für das Blindmaterial und die Regletten:

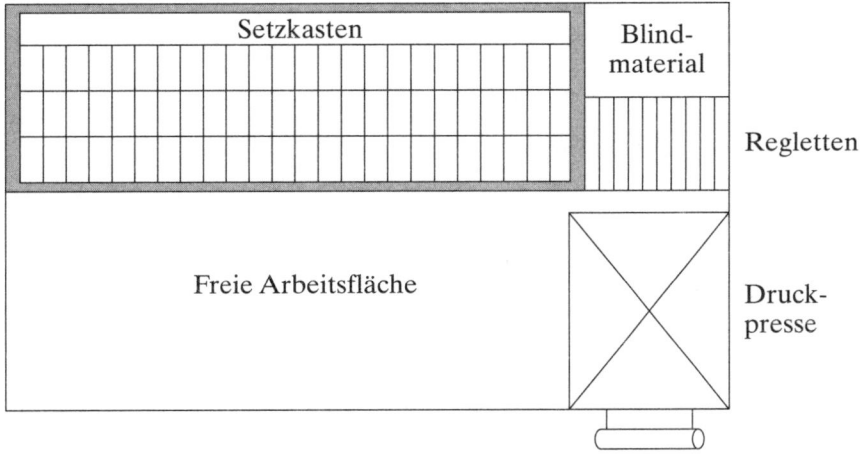

Daneben stellten wir einen zweiten Schultisch, auf dem Papier, Regletten, Setzhölzer, -rähmchen und -spiegel, Einfärbeblech, Farbwalze und Reinigungsmaterialien ihren Platz fanden. Die Zweitkläßler, die an unserer Schule gemeinsam mit den Erstkläßlern in einer Kombinationsklasse unterrichtet werden, hatten den Setzkasten am ersten Schultag eingeräumt.

Dadurch war bereits die Neugierde der Schulneulinge geweckt worden. Einige wußten schon, daß das „unsere Druckerei" war.

Doch zunächst lenkte ich ihre Aufmerksamkeit auf „eine ganz andere Druckerei", die wir im Schrank untergebracht hatten: Leselerndruckspiele mit großen Plastikstempeln der einzelnen Buchstaben.

In dem Buch „Von der Eigenfibel zur Arbeitslehre" (Jörg 1970 – völlige Neubearbeitung 1991) berichtet ein Kollege, wie er den Erstlese- und -schreibunterricht mit Hilfe der Schuldruckerei durchgeführt hat. Seine Anregungen waren uns im ersten „Druckjahr" oft eine willkommene Hilfe.

Im folgenden Jahr konnten wir dann bereits auf eigene Erfahrungen zurückgreifen und sie gezielt in die Unterrichtsplanung und -gestaltung mit einbeziehen.

Trotz aller guten Ratschläge und Hinweise „von außen" wird jede Lehrerin und jeder Lehrer, die Kinder erstmals mit der Schuldruckerei arbeiten lassen, gemeinsam mit diesen ganz individuelle Einsichten gewinnen und Möglichkeiten erproben müssen. Oft gibt es mehrere gleichwertige Varianten, die allesamt zum gleichen Ziel führen. Improvisation und Sponta-

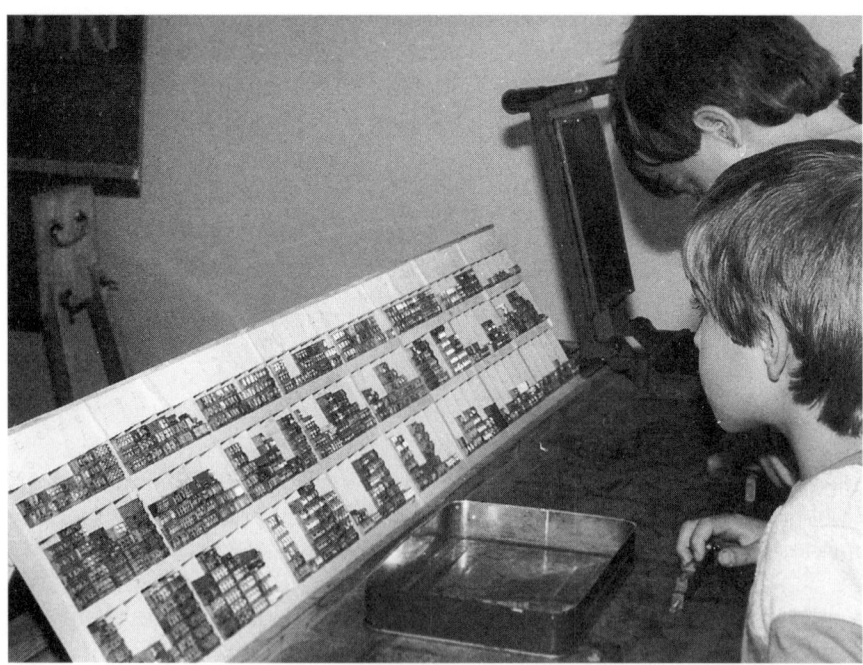

neität sind für den Schuldrucker ebenso wichtig wie die Bereitschaft, über sein „Plansoll" hinaus in der Schule zu arbeiten.

Das Fachlehrersystem – leider oft schon in der Grundschule! – schafft dazu ebenso wenig die Voraussetzungen wie (über)große Klassen!

Ein wesentlicher Vorteil der Schuldruckerei ist die Möglichkeit, auf besondere Ereignisse aktuell eingehen zu können. Solche Gegebenheiten sind von Ort zu Ort, von Klasse zu Klasse, von Kind zu Kind und von Jahr zu Jahr ganz verschieden. Da so keine Langeweile aufkommt, fühlen sich lernfähige und -willige Kinder auch stets neu angesprochen. Ihre Motivation zum Lesen und Schreiben, zum Setzen und Drucken ergibt sich täglich neu aus ihrem persönlichen Umfeld, aus ihrer eigenen Erlebniswelt. Dies mag auch erklären, warum kaum ein Kind weder setzen noch drucken wollte. Ganz im Gegenteil! Wir mußten recht bald die anfallende Arbeit so aufteilen, daß jedes Kind zu seinem Recht kam!

Grundausstattung einer Schuldruckerei

Damit kann eine komplette Textseite (DIN A 5) gesetzt und gedruckt werden:

- 2 Setzkästen aus Plastik, besser aus Holz;
- 3 Sortimente Schrift (Lettern);
- 20 bis 30 Setzrähmchen, je nach Schriftgröße;
- Blindmaterial für Wortabstände und Zeilenenden;
- Regletten für den Zeilenabstand;
- Stege für größere Zwischenräume;
- wasserlösliche Druckfarben in Tuben;
- Einfärbebrett und Farbwalze;
- Klappflügel- (DIN A 5) oder Rollenpresse.

Im Vorfeld des Druckens

Die Vornamen der Kinder erwiesen sich trotz gewisser Bedenken wegen ihres Schwierigkeitsgrades stets als geeigneter Einstieg. Fast alle Kinder können ihren Namen beim Schuleintritt bereits schreiben oder zunächst aus Knetschlangen legen (wenn auch oft nur in Großbuchstaben). Nicht zu verkennen ist der persönliche Bezug!

So teilten einige Kinder, als sie sich an den ersten Schultagen ihren Mitschülern vorstellten, indem sie im Stuhlkreis aufstanden und ihren

Namen sagten, spontan mit, daß sie ihren Namen auch schon schreiben könnten. Daraufhin erhielt jedes Kind Gelegenheit, dies zu „beweisen". Die Ergebnisse waren recht unterschiedlich. Manche schrieben an die Wandtafel, andere auf ein Blatt Papier, ein Kind sogar nur mit dem Finger auf die Bank. Beim Kneten war es ähnlich. Einige Kinder reihten die Buchstaben einfach auf dem Tisch aneinander, andere legten eine alte Zeitung unter; ein Kind wählte den Fußboden, ein anderes das Lehrerpult als Unterlage . . .

Das Verhältnis zwischen richtig und falsch geschriebenen Namen und solchen aus reinen Großbuchstaben und gemischten war in etwa ausgeglichen. Einige wenige Kinder konnten Vornamen weder schreiben noch aus Knetschlangen legen.

Anschließend schrieb ich alle Vornamen in gemischten Druckbuchstaben an die Wandtafel, las sie vor und rahmte sie mit einem Kasten ein. Kinder, die ihren Namen wiederfanden, durften den entsprechenden Kasten in einer ganz bestimmten Farbe nachfahren. Anschließend halfen sie den Kindern, die noch Schwierigkeiten beim Auffinden ihres Vornamens hatten.

Jetzt versuchten alle Kinder, diese Namen mit Knete auf die Bank zu „schreiben". Zunächst ihren eigenen, dann auch die der Mitschüler/innen. Kinder, die noch keinen ganzen Namen legen konnten, beschränkten sich auf einzelne Buchstaben. Sie durften sagen, womit ihr Name anfängt oder aufhört und diesen Buchstaben dann in die Luft malen, bevor sie zur Knete griffen. (Man kann auch Holz- oder mit den Kindern gebackene Teigbuchstaben einsetzen.) Einige Kinder erkannten sogleich, daß mehrere Namen mit dem gleichen Buchstaben anfingen oder endeten. So kamen wir zu den ersten Buchstabennamen, ohne deren Kenntnis bereits jetzt weiter zu vertiefen.

Dabei läßt sich in jedem Jahr neu feststellen, wie unterschiedlich die diesbezügliche „Vorbildung" bei den einzelnen Kindern ist. Einige Kinder kennen bereits das Alphabet, andere kaum einen einzigen Buchstaben. Dies ist anfangs unbedeutend, so lange naiv-ganzheitlich gelesen wird. Beim späteren „Einholen" einzelner Buchstaben fallen die ungleichen Voraussetzungen ebenfalls nicht besonders ins Gewicht.

Die gekneteten bzw. geschriebenen Vornamen wurden dann mit Hilfe des bereits erwähnten Leselerndruckspiels mit großen Buchstabenstempeln erstmals „richtig" in vorgegebene „Häuschen" gedruckt. Dabei spielt das rein optische Wiedererkennen der einzelnen Buchstaben in den „Vorlagen" die Hauptrolle. Anfangsschwierigkeiten konnten jeweils mit Hilfe der Zweitkläßler oder anderer Schulneulinge, die schon eher erkannt hatten, worauf es ankam, erfreulich schnell behoben werden.

Das Leselerndruckspiel bietet parallel zum Drucken die Möglichkeit zum (Nach-)Schreiben. Jeder gedruckte Buchstabe, jedes ganze Wort wird nach dem Drucken mit einem Filzstift nachgefahren, um die Buchstabenformen „einzuschleifen". Nach wenigen Tagen machte es den meisten Kindern schon sehr viel Spaß, ganze Namen auswendig an die Wandtafel oder auf ein Schreibblatt zu schreiben. Jedenfalls konnten alle Kinder in der zweiten Schulwoche ihre Vornamen auswendig richtig schreiben.

Die ersten Fibelseiten

Bald wurde bei den Kindern der Ruf immer lauter, endlich an der „richtigen Druckerei" arbeiten zu dürfen. In der dritten Schulwoche war es so weit! In einer allgemeinen Einführungsstunde am Setzkasten erkannten die Kinder sofort die Gemeinsamkeiten mit der Ordnung im Leselerndruckspiel. Neu war aber die Spiegelschrift.

Eine wichtige Hilfe bietet zunächst die Tatsache, daß alle Buchstaben und Zeichen über dem jeweiligen Fach richtig (rot) und darunter seitenverkehrt (schwarz) abgebildet sind. Hinzu kommt eine Kerbe an der *Unterseite* jeder einzelnen Letter, vergleichbar mit dem Strich *unter* jedem Buchstaben auf dem Rücken der Plastikstempel im Leselerndruckspiel.

Doch auch hier sei nicht verschwiegen, daß damit noch nicht alle Probleme gelöst sind. Lange Zeit können einige wenige Kinder – sowohl im ersten wie im zweiten Schuljahr – manche Lettern nicht richtig einordnen! Das gilt aufgrund der großen Verwechslungsgefahr bei Spiegelschrift insbesondere bei b und d sowie bei p und q, aber auch, wenn diese Lettern „auf den Kopf gestellt" werden.

Da es beim Setzen darauf ankommt, daß jede Letter an ihrem richtigen Platz gegriffen werden kann, was den Setzvorgang in Spiegelschrift ganz wesentlich erleichtert, ist es unumgänglich, einmal pro Unterrichtswoche den Setzkasten von zuverlässigen Schülern aufräumen zu lassen. Mit Hilfe des Spiegels im Setzholz ist die Verwechslungsgefahr beim Setzen dennoch erfahrungsgemäß weitaus geringer als beim Einräumen gebrauchter Lettern.

Die Arbeit mit Setzrähmchen, -holz und -spiegel bereitet nach wenigen Beispielen und Übungen keinem Kind mehr Schwierigkeiten. Große Unterschiede treten jedoch stets im Arbeitstempo und der Zuverlässigkeit (Rechtschreibung) auf.

Als erstes durfte nun jedes Kind *seinen* Vornamen setzen. Dabei stellte sich dann die Frage nach dem Halt der Lettern im Setzrähmchen. Auch hierbei war das Auffüllen mit Blindmaterial und das Zuschrauben nach kurzer Erklärung und Übung bald kein Problem mehr.

Jetzt mußten die fertigen Setzrähmchen richtig in die Druckpresse eingelegt, die Zwischenräume mit Regletten, Holz- oder Eisenstückchen ausgefüllt und alles verschraubt werden. Das erledigten anfangs die Zweitkläßler oder die Lehrkraft, später die Erstkläßler selbst. Auch hier gilt die Devise: „Übung macht den Meister!"

Danach ging's ans Einfärben. Ein Kind durfte den Farbton aussuchen, da wir zwischen rot, grün, gelb, blau und schwarz wählen können. Ein Farbtropfen in Erbsengröße muß so lange auf der Fläche des Einfärbebleches ausgewalzt werden, bis die Farbwalze rundum gleichmäßig Farbe aufgenommen hat. Darauf muß ganz besonders geachtet werden, da die Druckqualität davon abhängt! Das erfordert eine ebenso intensive Übung wie das Einfärben des fertigen Satzes in der Druckpresse. Bei letzterem ist darauf zu achten, daß die „Randzonen" nicht vergessen werden!

Auch das Auflegen des Blattes auf den eingefärbten Satz will gekonnt sein; der Abdruck soll nicht schräg zu Papier gebracht und nicht verwischt werden. Auch hier sind eigene Erfahrungen unabdingbar.

Zunächst wird von jedem Drucksatz ein *Probeabzug* erstellt. Beim erstmaligen Drucken ist das stets das größte Erlebnis für die jungen Schuldrucker. Jeder drängt sich, diesen Vorgang durchzuführen. Wir hatten deshalb vorher ausgelost, wer welchen Arbeitsgang ausführen darf. Ein Kind wählte den Farbton aus; ein anderes drückte die Farbe aus der Tube; ein, zwei weitere Kinder walzten aus usw.

Dann kam der große Augenblick! Voller Erwartung und Freude sahen die Kinder dem Abziehen des ersten bedruckten Blattes von der Druckpresse zu. Danach folgt stets die gleiche Reaktion: Jedes Kind sucht und liest zuerst *seinen* Namen! Dabei läßt sich nicht vermeiden, daß vor Begeisterung die frische Farbe beim Zeigen mit dem Finger verwischt wird.

Der Probeabzug dient der *Kontrolle,* ob alle Wörter richtig geschrieben sind. Hier besteht die letzte Möglichkeit zur *Verbesserung* möglicher Fehler. Diese sollten von *dem* erkannt und beseitigt werden, der sie gesetzt hat! Nach dem Hinweis des Lehrers oder eines Mitschülers vergleicht der Setzer den Inhalt seines Setzrähmchens mit der „Vorlage". Findet er den Fehler nach einiger Suche nicht, hilft ihm ein anderes Kind hierbei.

Sind alle Fehler ausgemerzt und der Drucksatz wieder festgeschraubt,

fertigt jedes Kind seine Abzüge selbst an und legt diese zum Trocknen auf den dafür bereitgestellten Tisch. (Man kann sie auch mit Klammern an eine durch den Klassensaal gezogene Wäscheleine hängen.) Jedes Kind macht zwei oder drei Abzüge, da außer den Fibelseiten, die in ein unliniertes Heft geklebt und dort illustriert werden, jede Druckseite auch als Übungsblatt benutzt wird. Fehlende Mitschüler dürfen nicht vergessen werden.

Als die erste Fibelseite über Nacht getrocknet war, rahmte jedes Kind seinen Namen darauf ein, nachdem es dies vorher auf seinem Übungsblatt ausprobiert hatte. Danach durfte es sich selbst groß auf das Fibelblatt malen. Sobald jedes Kind alle Namen lesen konnte, wurde ein zweites Fibelblatt gedruckt, in dem die Reihenfolge der Wörter verändert war. Hier standen jeweils die Namen der Mädchen und Jungen beisammen. Jedes Kind suchte seinen Namen und rahmte ihn ein. Außerdem durften jetzt ein weiterer Mädchen- und Jungenname („Freundin"/„Freund"!) mit anderer Farbe eingekreist und mit einer entsprechenden „Malerei" illustriert werden.

Dann wurden die Vornamen der Zweitkläßler als neues Wortmaterial ausgewählt und später mit den Vornamen der Erstkläßler vermischt und variiert.

Parallel zum Lesen, Setzen und Drucken wurde weiterhin geknetet und mit dem Leselerndruckspiel gearbeitet. Im zweiten Schulmonat trat an deren Stelle mehr und mehr das Abschreiben der Wörter und später der Texte mit Blei- oder Filzstift auf Blätter mit entsprechender Lineatur. Dieser Übergang erfolgte langsam und den Lernfortschritten der einzelnen Kinder gemäß.

Dadurch entstanden erst gar keine „Engpässe" am Setzkasten, an dem drei, höchstens vier Kinder gleichzeitig arbeiteten. Wer sauber und richtig geschrieben hatte, durfte setzen; andere Kinder mußten noch mit Knete, dem Druckspiel oder auf dem Schreibblatt üben. Hierbei sind der Improvisationsgabe keine Grenzen gesetzt! Nicht vergessen werden darf die stets anfallende Reinigung der Lettern und ihr Zurücklegen in den Setzkasten!

Eines wird stets beibehalten, damit der persönliche Bezug zu jedem einzelnen Druckwerk nicht verlorengeht: Jedes Kind setzt mindestens eine Reihe pro Druckseite und leistet damit seinen Beitrag zum Gemeinschaftswerk. Es stellt immer seine Abzüge selbst her und ordnet die Lettern – wenigstens eines Setzrähmchens – nach erfolgtem Druck und anschließender Reinigung in den Setzkasten ein.

Die ersten Sätze

Nachdem alle Kinder die Vornamen der Klassenkameraden lesen und meist auch schon (ab)schreiben konnten, wurden damit erste Aussagesätze gebildet. Was liegt dabei näher, als die Anwesenheit aller Kinder festzuhalten (... ist da)? Wenn dann zufällig ein Kind krank ist, ergibt sich daraus eine willkommene Satzvariante – ebenso wie bei der Unterscheidung zwischen Mädchen und Jungen in der Klasse.

Verschiedene Wortumstellungen innerhalb der einzelnen Sätze mit entsprechenden Übungen (z.B. Einkreisen gleicher Wörter mit gleichen Farben) schlossen sich an; die Vornamen von Lehrerin und Lehrer sowie Hausmeister kamen hinzu.

In der Textreihe „In der Schule" wurden verschiedenen Vornamen verschiedene Tätigkeiten – auch wieder aus der erlebten Schulwirklichkeit! –

```
Silke druckt.

druckt Michael?

Sabine druckt.

druckt Alexander?

Ramona druckt.

Thomas druckt.

druckt Christian?
```

zugeordnet und variiert. Dabei erlernten die Kinder die ersten Buchstaben, die beim Drucken besonders herausgestellt und dann auf den Übungsblättern „eingeholt", das heißt farblich hervorgehoben wurden. Benannt wurden die Buchstaben mit ihren Lautnamen.
Gleichzeitig wurden diese auf Plastikkärtchen ins Buchstabenhaus eingebracht. Sobald die bekannten Buchstaben Wortbildungen zuließen, wurden mit Hilfe der Plastikkärtchen Wörter gelegt bzw. gestellt. Ähnliche Übungen an der Leseuhr folgten. Die Arbeit mit der Schuldruckerei wurde wie geschildert fortgeführt, ohne daß das Interesse der Kinder daran merklich nachließ.

Vertiefung der Buchstabenkenntnis

Wer sicher und richtig setzen und drucken will, muß die Buchstaben genau kennen. Der Lehrmittelmarkt bietet eine Fülle interessanter und brauchbarer Materialien an, die ergänzend und begleitend zu den bereits erwähnten eingesetzt werden können. Da gibt es unter anderem Buchstabentafeln oder -plakate, große und kleine Einzelbuchstaben zum Nachfahren und Ausmalen und Schreibübungen zu den einzelnen Buchstaben. Wichtig ist, daß die Kinder sich längere Zeit auf verschiedene Arten mit jedem einzelnen Buchstaben beschäftigen.
Dabei können sie sich ihr Übungsmaterial teilweise auch selbst herstellen, indem sie zum Beispiel aus Zeitungen, Zeitschriften oder Katalogen den jeweiligen Buchstaben in verschiedenen Formen und Größen suchen und auf ein Blatt aufkleben. Das Ergebnis sieht bei jedem Kind anders aus. Alle Schülerarbeiten nebeneinander an die Pinnwand gehängt ergeben ein

anschauliches und abwechslungsreiches Ganzes, das die Erinnerung wach-
hält.

Nachdrücklich sei an dieser Stelle darauf hingewiesen, daß das Schreibenlernen parallel zum Lesenlernen mit der Schuldruckerei am ersten Schultag beginnt.

Der „freie Text"

Ein „Zauberwort" im Zusammenhang mit der Schuldruckerei heißt
„freier Text". Er ist ein Teil dessen, was Célestin Freinet mit „den
Kindern das Wort geben" gemeint hat. Sobald die Erstkläßler erste Sätzchen lesen und schreiben können, wagen sie eigene, freiwillige Schreibversuche. Sie gilt es entsprechend zu würdigen.

Herbert, Hahn und Kunterbunt
malen Dir 'nen schönen Hund.
Immerfrech und Sansibar
kommen mit Mirakula,
wollen mit Dir feiern heut'
mit viel Freud' und Heiterkeit.

Die Kinder dürfen ihre „Geschichten" vorlesen, die Lehrerin bzw. der
Lehrer verbessert mögliche Fehler und schreibt den Text „ins Reine". Das
kann ebenso an der Wandtafel wie auf einem Stück Papier geschehen.
Danach wird er gesetzt und gedruckt – mit dem Namen des Urhebers
darunter. Das gedruckte Werk veranlaßt die Kinder in aller Regel dazu,
ihre Schreibversuche fortzuführen und auszubauen.

Bei mehreren Angeboten wählen die Kinder einer Klasse den Text aus,
der gesetzt und gedruckt werden soll.

Schreibanlässe gibt es in der Umwelt der Kinder und der Schule in Hülle und Fülle. Nach und nach bringt die Lehrperson ebenfalls Vorschläge ein. Spätestens dann wird die Schuldruckerei zum fächerübergreifenden Arbeitsmittel für die restliche Grundschulzeit.

Weihnachtssingen 1990

1. Nikolauslieder: Laßt uns
   froh und munter sein
   Ich hör ihn vor dem Haus
2. Flötenstück: Inmitten
   der Nacht
3. Adventslieder: Wir sagen
   euch an den lieben Advent
   Es ist für uns eine Zeit
   angekommen
4. Weihnachtslieder: Haben
   Engel wir vernommen
   O Tannenbaum
5. Flötenstück: Tochter Zion
6. Schlußlied: Halleluja von
   Taize

Mitwirkende: Instrumental-
gruppe und Kl. 4 der GS «Im
Alten Kloster» Fraulautern

Seien es einfache Rechenaufgaben für die Erstkläßler, Regeln für die Rechtschreibung, Merksätze für den Sachunterricht, eine eigene Schulordnung, Steckbriefe von Bäumen oder Vögeln, Einladungen zum Schulfest oder zum Weihnachtskonzert, Flugblätter für die Eltern und Mitbürger, ein Gebet für den Religionsunterricht, sinnvolle Sprüche für das

Poesiealbum, Glückwunschkarten zum Geburtstag, Grußkarten zu Ostern oder Weihnachten ... Die Zeit reicht niemals aus, diese Ideen alle in einem Schuljahr zu verwirklichen!

Illustration von Drucktexten

Wenn man mit Lettern druckt, stellt sich von Anfang an die Frage, wie man seine Texte illustriert. Drucken sie eine Eigenfibel, helfen sich die Kinder anfangs mit einfachen Zeichnungen und Malereien selbst. Doch bald wächst der Wunsch nach Abwechslung.

Nachfolgend beschränke ich mich hier auf einige grundsätzliche Aussagen zu drei Techniken, die von Grundschulkindern leicht zu beherrschen sind und aufgrund ihrer vielfältigen Variationsmöglichkeiten für Abwechslung sorgen (Literaturhinweise sind im Anhang zu finden).

Beim **Kordeldruck** werden aus gedrehter oder geflochtener Schnur (Kordel) Figuren auf ein Stück Karton gelegt und festgeklebt. Ist der Klebstoff getrocknet, kann man das Kordelmotiv durchdrucken, indem man mit der eingefärbten Walze über das darübergelegte Papier rollt. Der Abdruck erscheint dann auf der Blattoberseite.

Man kann jedoch auch die Kordel selbst einfärben und das Ornament dann mit der sauberen Walze auf die Unterseite des aufgelegten Papieres drucken (seitenverkehrt). Je nach Beschaffenheit der Kordel ergeben sich recht unterschiedliche Bildwirkungen.

Beim **Kartondruck** werden die Motive aus Kartonstücken auf eine Unterlage geklebt. Da es dicken und dünnen, glatten und rauhen Karton gibt, entstehen einerseits verschieden hohe Bildteile, die sich durch Überschneidungen noch weiter erhöhen lassen, andererseits Stellen, die viel Farbe aufgesaugt haben und deshalb nur wenig abgeben und umgekehrt. Letzteres wird jedoch nur wirksam, wenn man den Druckstock einfärbt. Man kann auch den Druckstock mit einem Blatt Papier abdecken und ihn mit der eingefärbten Walze durchdrucken. Die Wahl des aufgelegten Papieres beeinflußt das Druckergebnis ebenfalls nicht unerheblich.

Beim Einfärben des Druckstockes kommen die Kinder zudem recht bald auf die Idee, den einzelnen Bildteilen verschiedene Farben zu geben. So gelangt man automatisch zum Mehrfarbendruck.

Dieser ist auch möglich beim **Milchtütendruck,** obwohl sich hier die Farbe Schwarz als die wirkungsvollste erwiesen hat. Den Druckstock bildet dabei die metallbeschichtete Innenseite von Milch- oder Safttüten und Mohrenkopfschachteln. Da die Falten der Schachtel mitdrucken, müssen sie entweder in das Motiv integriert oder weggeschnitten werden. So bleiben oft nur recht kleine Druckflächen übrig. Deshalb sind die Mohrenkopfbehälter am beliebtesten, weil sie neben kleinen Seitenflächen auch große, ungefaltete Deckel und Böden haben. Außerdem ist die Oberflächenbeschaffenheit sehr glatt.

Die Motive werden seitenverkehrt mit einem Bleistift oder einem Kugelschreiber in die Metallbeschichtung gedrückt, wo sie Rillen hinterlassen. Der fertige Druckstock wird eingefärbt, ein Blatt Papier darübergelegt und mit der sauberen Farbwalze abgedruckt. Die Vertiefungen bleiben dabei frei, sie drucken nicht mit und heben sich deutlich von der sie umgebenden großen Farbfläche ab.

Alle drei kurz beschriebenen Bilddrucktechniken haben ihre Grenze in der beschränkten Anzahl möglicher Abdrucke. Dennoch reichen sie in der Regel für eine Schulklasse aus, auch wenn sich bald Teile des Druckstockes ablösen oder (beim Milchtütendruck) die Rillen mit Farbe zusetzen. In allen Fällen kann mehrfach erfolgreich nachgebessert werden.

Förderung der Rechtschreibung

Abschließend noch einmal kurz zurück zum Letterndruck: Hans Jörg hat in mehreren Untersuchungen nachzuweisen versucht, daß bei Schuldruckern kaum die Lese-Rechtschreib-Schwäche auftritt. Dabei spielt offensichtlich der *Zeitfaktor* eine entscheidende Rolle. Beim Drucken erstreckt sich der Lernvorgang auf eine wesentlich längere Zeit als bei anderen Methoden. Zudem werden beim Setzen und Drucken mehr Sinne angesprochen und aktiviert als beim Lesen- und Schreibenlernen anderer Art. Das macht sich insgesamt positiv bei der Rechtschreibung bemerkbar.

Ganz entscheidend ist, daß beim Drucken der sonst übliche Zeitzwang fehlt. Der Setzvorgang bedeutet für das Kind einen technischen Zwang, denn es muß jeden einzelnen Buchstaben greifen, wodurch die beim Schreiben oft zu beobachtende Unruhe und Hast ausgeschlossen wird. Auch die Sorge um eine leserliche Handschrift entfällt zunächst.

Der Umgang mit den Lettern zwingt das Kind außerdem zu ständig neuen Denkvorgängen, die für die Rechtschreibung eine wesentliche Voraussetzung sind. Der Setzvorgang verlangt vom Schüler einen ständigen Gestaltauf- und -abbau sowie ein stilles Lautieren. Er muß sich selbst erklären, warum er nun diesen und nicht einen anderen Buchstaben nehmen muß.

Literaturauswahl

Adrion, D.: Schuldruckzentrum Ludwigsburg: Konzeption – Aufgaben – Dienstleistungen. Pädagogische Hochschule, Ludwigsburg 1987
Bergk M./Meiers, K. (Hrsg.): Schulanfang ohne Fibeltrott. Bad Heilbrunn 1985
Dräger, M. (Hrsg.): Am Anfang steht der eigene Text. Heinsberg 1988
Honig, G.: Drucken in der Schule. Wolfsburg 1992
Jörg, H.: Schüler drucken ihre Fibel selbst. Wolfsburg 1991
Kulick, H. (Hrsg.): Copyright bei Klasse... Heinsberg 1986
Treitz, P.: Kreativ-Werkstatt nicht nur für die Kinder. In: Akzidenz 1, Informationsdienst für das grafische Gewerbe, seine Partner und Freunde. Berlin 1992
Treitz, P.: Lernen durch Mitmachen – Verstehen durch eigenes Handeln. In: Geha für die Schule. Hannover 1990

Treitz, P.: Verwirklichung der Grundprinzipien vom natürlichen, selbsttätigen und praktischen Lernen. In: Wehrfritz Wissenschaftlicher Dienst Nr. 38/39. Rodach 1988
Treitz, P.: So macht Schule Freude! In: WirtschaftsSpiegel 3, Deutscher Sparkassenverlag. Stuttgart 1991
Wehrfritz-Info Grundschule, Ausgabe 11: Schuldruckerei – Kinder lernen und üben selbständig. Rodach o. J.

Informationen – Arbeitskreis Schuldruckerei (AKS)

In den letzten Jahren hat nicht nur die Mitgliederzahl des Arbeitskreises Schuldruckerei (AKS) ständig zugenommen. Parallel dazu stieg auch die Anzahl der Interessenten für das Arbeitsmittel Schuldruckerei allgemein deutlich an. Deshalb fiel der Entschluß leicht, eine Heftreihe zu gestalten, die Anregungen und Hinweise „aus der Praxis für die Praxis" weitergeben möchte.

Darin behandeln AKS-Mitglieder Themen wie die Einrichtung einer Schuldruckerei, den Einsatz dieses Arbeitsmittels im Anfangsunterricht, bildnerische Drucktechniken oder aktuelle Literatur in der Absicht, über ein von ihnen besonders gut beherrschtes Teilgebiet nützliche und nachvollziehbare Informationen zu verbreiten. Die Hefte erscheinen in unregelmäßiger Folge jeweils im DIN-A-5-Format. Der Preis richtet sich nach dem jeweiligen Seitenumfang. Bisher sind die folgenden vier Titel erschienen (weitere sind in Vorbereitung):

Nr. 1 (Oktober 1990): „Satzung des Arbeitskreises Schuldruckerei (AKS) – Deutsche Gruppe der Freinet-Pädagogik e. V.". 12 Seiten, kostenlos.

Nr. 2 (Januar 1991): „Einrichtung und Ausstattung einer Schuldruckerei (Hochdruck mit Lettern)." Aus dem Inhalt: Die Schuldruckerei – ein Arbeitsmittel für die Schule von heute. – Allgemeine Überlegungen zur Einrichtung einer Schuldruckerei. – Ausstattung eines Setzarbeitsplatzes für Schulanfänger und Grundschüler. – Ausstattung eines Setzarbeitsplatzes für Schüler(innen) der Sekundarstufe. – Ausstattung eines Druckarbeitsplatzes für die Klasse (Grundschüler und Sekundarstufe). – Anschriften von Bezugsquellen für Schuldruckereimaterialien. – Einige Tips aus der Praxis. 16 Seiten, 2,– DM.

Nr. 3 (April 1992): „Grafisches und bildnerisches Gestalten mit der Drucktasche: *Farbplatten-Druck.*" Aus dem Inhalt: Die Besonderheit des Farbplattendrucks. – Das Fertigen der Lettern. – Die Herstellung der Drucktasche. – Die Arbeitsschritte beim Farbplatten-Druck. – Das Umgehen mit der Farbplatte. 16 Seiten, 3,– DM.

Nr. 4 (März 1991): „Bildnerische Techniken in der Schuldruckerei: *Kartondruck.*" Aus dem Inhalt: Allgemeines zum Kartondruck. – Der Liniendruck mit Kartonplatte. – Der Kartondruck mit erhabener Platte – einfarbig. – Der Kartondruck mit erhabener Platte – mehrfarbig. – Kartondruck mit verlorener Platte (Kartonritz- und Kartonschäldruck). Ein Bericht aus der Schulpraxis mit vielen Anregungen. – Arbeitsgänge beim Kartonritz- und Kartonschäldruck auf einen Blick. – Der Löwenkopf – Ausschnitte aus einem „Werkstattgespräch". 28 Seiten, 5,– DM.

Sämtliche Hefte sind zu beziehen bei der AKS-Informationszentrale, Graulheck 24a, 66578 Schiffweiler, Telefon 0 68 21/6 46 33 (zuzüglich Versandkosten).